Como ser
AMIGA DA EX
do seu marido

IVONE MARTINS

Como ser AMIGA DA EX *do seu marido*

APRENDA A SUPERAR RELAÇÕES CONFLITUOSAS

© 2015 - Ivone Martins
Direitos em língua portuguesa para o Brasil:
Matrix Editora
www.matrixeditora.com.br

Diretor editorial
Paulo Tadeu

Projeto gráfico e diagramação
Monique Schenkels

Foto de capa
Shutterstock

Revisão
Adriana Wrege
Silvia Parollo

CIP-BRASIL. CATALOGAÇÃO-NA-FONTE
SINDICATO NACIONAL DOS EDITORES DE LIVROS, RJ

Martins, Ivone
Como ser amiga da ex do seu marido / Ivone Martins - 1. ed. - São Paulo: Matrix, 2015.
176 p.; 21 cm.

Inclui índice
ISBN 978-85-8230-171-5

1. Casamento - Aspectos psicológicos. 2. Relação homem - mulher. 3. Mulheres - Psicologia. 4. Autorrealização (Psicologia). I. Título.
15-19749   CDD: 155.2
                             CDU: 159.923

Ao Paulo, ao Lourenço e à Delta

Sumário

1. Introdução: abrindo a mente — 9
2. Quebrando paradigmas — 17
3. Passado: o lugar de partida — 27
4. Escolhas: ressentimento ou perdão — 39
5. Inveja: um caminho tortuoso — 51
6. Separação: reaprendendo a se relacionar — 61
7. Coragem: desafiando convenções — 75
8. A sombra da ex: bênção ou maldição — 89
9. Gerindo conflitos — 101
10. Pomos da discórdia — 111
11. Relações de poder — 127
12. Os filhos — 143
13. Seguir adiante: quando o fim é o princípio — 157
14. Espiritualidade: a via da luz — 165

Agradecimentos — 173

Vivemos com o que recebemos, mas marcamos a vida com o que damos.
Winston Churchill

1. INTRODUÇÃO: ABRINDO A MENTE

A sabedoria não é mais do que a ciência da felicidade.
Denis Diderot

O conceito de família mudou. Atualmente não existe apenas o modelo tradicional, formado por um casal, que se mantém unido por toda a vida, rodeado pelos filhos e, mais tarde, pelos netos. A família tornou-se a união entre pessoas que vivem uma relação de amor – com ou sem filhos. E os filhos podem ser seus, adotados, ou de uniões anteriores com outros parceiros. A diversidade de núcleos familiares impõe a necessidade de uma nova visão.

O que importa na família são os laços de afeto e respeito que unem os seus membros e a certeza de que estarão presentes, prontos para se apoiarem, sempre que algum deles precisar. A família foi além da instituição social, que forma a base da sociedade, para se transformar em uma união de afetos.

Em comparação com décadas anteriores, não existe mais aquele apego, quase obrigatório, ao casamento. Ficou mais fácil o casal se separar ao perceber que a união se tornou insatisfatória por algum motivo, e começar outra união, com um novo parceiro.

Com o número crescente de divórcios e pessoas que estão em seu segundo, terceiro ou quarto casamento, com filhos dos vários relacionamentos, o convívio entre atuais e ex-parceiros é um assunto que ganha importância e, frequentemente, adquire contornos muito sofridos. Estabelecer uma relação com a ex do marido – ou o ex da mulher – gera tensão entre muitos casais e, quando a situação é levada ao extremo, essa tensão contribui para desgastar o relacionamento de forma irreversível.

A relação do casal após a separação é um tema que divide opiniões: uns acham que devem manter um bom relacionamento com as pessoas que amaram e fizeram parte de suas vidas; outros acreditam que, quando um casal se separa, não deve manter qualquer tipo de contato, e se uma relação acabou é porque se esgotou tudo o que aquelas pessoas tinham para viver juntas. Quando o casal não tem filhos, é possível terminar a relação e evitar qualquer contato posterior. Não existe a obrigatoriedade e a necessidade de as pessoas continuarem se comunicando. No entanto, quando há filhos, o fim do casamento não significa o fim do convívio. Se esse convívio for difícil, os filhos é que acabam sofrendo com as relações conflituosas dos pais – e de seus companheiros –, especialmente quando ainda são crianças e não conseguem se defender.

Muitos pais acreditam que têm o direito de seguir vivendo suas vidas quando o casamento termina – e é óbvio que têm esse direito –, mas eles têm, também, a responsabilidade de cuidar de seus filhos e protegê-los, salvaguardando-os de tudo o que possa acontecer durante esse período complicado. Isso significa que o casal deve se esforçar para criar uma relação respeitosa e saudável, que não cause um impacto negativo sobre as crianças. Elas terão tempo para forjar os seus próprios destinos e não devem pagar um preço emocional pelas escolhas de seus pais, porque já estão sofrendo o suficiente com a separação da família.

O convívio com a ex do marido (ou o ex da mulher) é um tema ainda mais controverso do que o convívio entre um casal separado. E suscita emoções mais viscerais, não apenas por parte dos que estão diretamente envolvidos – marido, mulher e ex –, mas, também, dos amigos e familiares que participam dos círculos do casal – de ambos os relacionamentos, o antigo e o novo. Esse é um tema cheio de cicatrizes, dissabores, raiva dissimulada, ressentimentos, ciúme e desconfiança – um conjunto de sentimentos negativos que faz mal à alma e torna as pessoas infelizes.

Para seguir adiante é necessário superar mágoas e dores e aceitar que tudo acontece para que haja um aprendizado. A superação e o perdão – por mais dolorosa que tenha sido a separação – são essenciais para que um novo ciclo comece.

Embora os ex-maridos possam ser um problema para os atuais parceiros, são as mulheres que parecem ter maior dificuldade em lidar com as ex. A forma como eles abordam a questão também é diferente: os homens costumam ser mais diretos e frontais do que as mulheres.

O certo é que, se alguém pudesse optar entre conviver ou não – mesmo que fosse superficialmente – com a ex do marido (ou o ex da mulher), é provável que a maioria optasse pela segunda hipótese, isto é, a de não criar nenhum tipo de vínculo.

Muitas das ideias sobre a relação de casais e ex-companheiros estão embasadas em estereótipos sociais que foram alimentados durante anos e deram origem a uma série de casos desagradáveis. Para criar novos padrões de relacionamento é necessário manter a mente e o coração abertos e estar disposto a arriscar, a ser diferente, a romper com aquilo que é normalmente aceito pela sociedade. Enquanto coração e mente estiverem bloqueados pela raiva e pelo ressentimento, não haverá espaço para nada – muito menos para alguém voltar a ser feliz.

Escrever sobre o sensível e polêmico relacionamento com os ex foi uma ideia do Paulo, meu marido. Temos muitos amigos e familiares divorciados, envolvidos em novos relacionamentos: alguns convivem de maneira saudável com seus antigos parceiros, outros não suportam sequer ouvir o nome deles, e outros, ainda, têm companheiros ciumentos que dificultam qualquer possibilidade de aproximação com os ex. Nós dois, no entanto, vivemos uma história peculiar que espanta muita gente.

Antes de nos conhecermos, Paulo foi casado por mais de uma década. Delta, sua ex-mulher, tornou-se uma de nossas amigas mais íntimas e, também, madrinha do nosso filho. Além disso, eles tinham uma empresa e, após o divórcio, continuaram trabalhando juntos –

algo que fazem até hoje. Isso significa que trabalham diariamente no mesmo espaço e, em certos dias, meu marido passa mais tempo com a ex-mulher do que comigo. Mas isso é apenas parte de uma realidade que não cessa de gerar incidentes engraçados. Também parece suscitar desconforto e polêmica entre algumas pessoas – em especial aquelas que não fazem parte do nosso círculo íntimo e têm dificuldade em lidar com situações semelhantes.

Um desses incidentes divertidos aconteceu há pouco tempo e já se transformou em piada entre os amigos.

As bermudas de Paulo

Certo dia, eu e a Delta fomos comprar roupa. Eu queria comprar umas bermudas para o Paulo, e fomos à seção masculina de uma loja.

Eu prefiro bermudas mais escuras, com bolsos largos, e vi umas azul-escuras, do jeito que eu imaginava. Mostrei à Delta:

– Olha que linda! O que você acha?

– Não – respondeu ela prontamente, com seu ar decidido. – É grande para ele.

– Não é – eu disse, mas o jeito seguro como ela falou me deixou indecisa.

– É grande, sim – insistiu ela.

– Mas este é o tamanho dele – defendi, sentindo minha segurança voltar.

– É grande. Tenho certeza – ela repetiu. – Estas é que servem pra ele.

Ela me mostrou umas bermudas bege, dois tamanhos abaixo dos que eu escolhera. Pensei: "Hum, isso não vai servir". Mas havia duas questões: a primeira é que nenhuma de nós estava disposta a discutir por causa de umas bermudas e a segunda é que a segurança dela era muito convincente.

– Tudo bem – eu respondi. – Mas se não servir você vem trocar.

Ela riu, segura de que as bermudas serviriam e de que não seria necessário trocá-las.

Quando cheguei em casa e dei as bermudas ao Paulo, ele nem sequer quis experimentar:

– *Não serve* – *afirmou.*
– *A Delta disse que serve* – *argumentei, contando o que tinha acontecido. Insisti:* – *Experimenta, vai!*

Minutos depois, ele voltou com as bermudas na mão e um sorriso zombeteiro:
– *Continua não servindo. Nem passou nas coxas.*

Peguei o celular e telefonei para a Delta. Ela atendeu e já perguntou:
– *Então, serviu, não é?*
– *Não.*
– *Como não?*
– *Delta, ele falou que não passou nem nas coxas* – *informei.*
– *Esse número servia quando você era casada com ele. Agora, quinze anos depois, não serve mais. Entendeu?*
– *É verdade. Esqueci esse detalhe* – *confessou ela, com uma boa gargalhada, antes de perguntar:* – *Quer que eu vá trocar?*
– *Não. Ele falou que vai dar para o Rui.*

Paulo ofereceu as bermudas para um amigo nosso, que desde então não para de perguntar, com ar jocoso, quando é que eu e Delta vamos comprar mais roupa para o Paulo.

Situações como essa são frequentes e representam bons exemplos de nosso relacionamento.

Depois de Paulo, com seu senso de humor peculiar, e por vezes sarcástico, começar a contabilizar as situações engraçadas que aconteciam e partilhar com amigos a ideia de que eu deveria escrever sobre o assunto, percebemos que as reações eram de curiosidade e incentivo. Delta também comentou com alguns dos seus familiares e obteve reações semelhantes.

Apesar de não ser um tema fácil, a vivência cotidiana, aliada a uma extensa troca de ideias com Paulo e Delta, me deixou confortável para escrever sobre o assunto.

Embora a sugestão para este livro tenha sido do Paulo e o ponto de partida seja nossa história pessoal, a minha vontade de escrever surgiu ligada ao desejo de ajudar: histórias assim só têm significado se servirem para inspirar pessoas a superarem situações complicadas.

Ao partilhar experiências de gente que convive harmoniosamente com os ex, quero mostrar que mesmo as relações mais difíceis podem ser civilizadas se todos os envolvidos optarem por comportamentos maduros e pacíficos. Por isso, o livro está permeado de exemplos de casais que conseguiram desenvolver relações cordiais com seus parceiros anteriores. Porém, tornou-se inevitável falar de pessoas que não convivem com os seus ex, ou com os ex de seus companheiros. Essas situações são mais frequentes que as primeiras – conflitos, ressentimentos e raiva acumulada são muito mais comuns entre casais separados do que sentimentos amistosos. E são as emoções residuais da relação que determinam o convívio posterior com os ex: se as emoções forem negativas, o relacionamento do casal após a separação será tenso, desagradável e infeliz.

Este livro é mais direcionado ao público feminino, mas as situações também se aplicam aos homens. Não tenho a menor pretensão de dar conselhos, julgar, fazer análises psicológicas ou considerar que as realidades aqui reveladas possam ser tomadas como exemplos a serem seguidos ou evitados. O principal objetivo é o de mostrar outra maneira de ver a realidade. Mostrar alguns contextos que podem ajudar a explicar a dificuldade de se relacionar com alguém que teve um envolvimento amoroso com o atual parceiro. Espero também contribuir para tornar o convívio entre as pessoas menos doloroso e mais feliz.

Os exemplos usados são histórias reais de familiares, amigos ou conhecidos. Seus nomes, os locais e as datas foram alterados a fim de salvaguardar as identidades. Porém, como são, em sua maioria, episódios comuns, retirados do dia a dia, talvez alguns leitores se identifiquem com eles. Além dos eventos reais, também há casos notórios, e uma ou outra parábola que considerei pertinente para ilustrar circunstâncias específicas.

O fio condutor do livro é o relacionamento com os ex, mas esse relacionamento é fruto de um contexto formado pela personalidade, pela educação e pelo sistema de crenças das pessoas, assim como pela maneira como interagem na sociedade. Por isso, há alguns assuntos que poderão parecer que não têm conexão com o tema, mas uma análise mais atenta revelará que estão completamente ligados. Às vezes é preciso um pouco de paciência para perceber a relação entre os eventos. É necessário coragem para ir além da superfície e dos julgamentos apressados.

Nada é estanque e tudo está ligado entre si: pessoas, natureza, atitudes, consequências, emoções e até simples pensamentos. É com base nesta lógica – a de que tudo e todos estão conectados – que o livro se desenvolve, e cada capítulo aborda um tema vital para um relacionamento saudável com a ex. Na realidade, em termos mais gerais, esses temas acabam sendo essenciais para qualquer relacionamento:

- **ser capaz de ir além da superfície e quebrar paradigmas sociais;**
- **aceitar e compreender o passado de cada um;**
- **preservar os filhos;**
- **respeitar o espaço e as atitudes do outro;**
- **aceitar os amigos da relação anterior;**
- **seguir adiante quando um relacionamento termina;**
- **superar sentimentos como raiva, ressentimento, ciúme e inveja;**
- **entender o papel do perdão e do respeito;**
- **ter humor para lidar com situações constrangedoras;**
- **buscar o equilíbrio nas relações de poder;**
- **buscar os caminhos para a espiritualidade.**

2. QUEBRANDO PARADIGMAS

*Não há mal nenhum em mudar de opinião.
Contanto que seja para melhor.*
Winston Churchill

CONVENÇÕES E PAPÉIS SOCIAIS

Para abordar as relações entre as pessoas, é preciso compreender que elas são ditadas pelas convenções sociais – tudo aquilo que se aprendeu contribui para formar os alicerces da educação e orientar o comportamento. Cada indivíduo desempenha um papel na sociedade. Esse papel contém uma série de funções sociais que lhe permitem saber como agir nas mais variadas situações. Por exemplo, a relação entre um doente e um médico não necessita de explicação adicional. Sabe-se o que é esperado de um e de outro: o paciente busca uma cura para os males que o afligem, cabendo ao médico diagnosticar e tratar. O mesmo acontece entre pai e filho: espera-se que o pai proteja e eduque seu filho com amor e que o filho reaja com respeito e afeto.

A sociedade funciona com base em convenções e naquilo que é esperado dos indivíduos, de acordo com os seus papéis sociais. Quando se diz "médico" ou "pai", sabe-se exatamente o que eles representam. A atribuição de papéis sociais é uma forma de orientar as relações, facilitando e simplificando a vida em sociedade. Porém, os papéis sociais existem independentemente das pessoas, são maiores que elas: o papel do médico pode ofuscar o indivíduo que ele é. Mesmo reduzidas ao seu papel e, muitas vezes, engolidas por ele, é dessa forma que as pessoas se relacionam, sem precisar explicar a posição que ocupam na hierarquia social.

HIATO ENTRE EXPECTATIVA E REALIDADE

Frequentemente existe um hiato entre a relação convencional e esperada e a relação concreta e real. Quando os indivíduos descumprem as funções inerentes aos seus papéis sociais e deixam de fazer aquilo que é esperado, acontece uma ruptura – isto é, o comportamento vai contra as expectativas. É esperado que um pai ame seu filho, mas, em vez disso, o pai o abandona. É esperado que um jovem estude, mas ele troca os estudos pelo crime.

Mas nem sempre é assim: por vezes as pessoas deixam de cumprir seus papéis sociais e tomam atitudes que desafiam as expectativas de modo positivo. É o que acontece sempre que são vencidas as limitações e as crenças baseadas na ignorância e no preconceito, cultivadas por determinado grupo social.

Quebrar uma convenção não é fácil: a resistência em aceitar algo novo ou diferente faz parte do ser humano e dos processos sociais. Mas é mais comum as convenções serem rompidas de maneira negativa, pelo "caminho do mal", e talvez por isso seja mais fácil aceitar que um jovem enverede pelo crime do que aceitar que você ou o seu marido sejam grandes amigos da ex-mulher dele.

A primeira atitude gera resignação: todos aceitam que o pobre jovem escolheu aquele caminho, certamente influenciado pelas más companhias.

A segunda atitude gera controvérsia: as pessoas fazem deduções erradas e se questionam – não sem malícia – sobre o significado daquela relação. Na maioria das vezes, fazem julgamentos precipitados antes de descobrir o que se passa.

Qualquer dessas atitudes é determinada pelas convenções sociais. Infelizmente, como eu já disse, é mais comum, e provoca menos polêmica, aceitar que um jovem se enrede nas malhas do crime e tenha um percurso violento e destrutivo do que aceitar que a ex-mulher do seu marido possa ser madrinha do seu filho (como é o meu caso). Embora o primeiro caso seja muito mais dramático, é o segundo que origina reações mais intensas e críticas mais veementes. E é dessa forma que começam a emergir os contornos do nosso tema: em um contexto de desconfiança, críticas e rejeição.

O ESTEREÓTIPO DA RELAÇÃO COM A EX

Uma convenção social comumente aceita é a de que a relação com a ex do seu parceiro (ou o ex da sua parceira) é conflituosa e deve ser evitada. As pessoas partem para esse relacionamento com reservas, com "o pé atrás", esperando sempre o pior.

É inevitável que, ao falar de uma relação entre a nova e a ex--companheira de alguém, se pense imediatamente em uma relação tensa, cheia de pequenas picardias. É difícil contornar esse estereótipo da relação entre atual e ex e fugir daquilo que é socialmente esperado, até porque são dois papéis sociais que se opõem por vários motivos, ou são conflitantes em algumas circunstâncias.

A iminência do conflito é a ideia basilar que orienta o contato entre essas pessoas. A sua origem não está ligada à relação direta entre a ex e a atual, mas, sim, deriva das concepções tradicionais do casamento, do divórcio e da forma como tudo evoluiu até cair nas redes desse estereótipo.

A EVOLUÇÃO DO DIVÓRCIO

Ainda há poucos anos o divórcio era uma atitude impensável, principalmente em certos meios sociais. Visto como algo reprovável do ponto de vista moral, o divórcio era muito penoso para as mulheres, que passavam a ser estigmatizadas e vistas como seres perigosos, capazes de colocar em risco a segurança de qualquer casamento sólido.

As mulheres divorciadas eram uma ameaça do pior gênero. Muitas eram excluídas dos seus círculos sociais. Até as amigas mais íntimas deixavam de conviver com elas, ou por se sentirem ameaçadas pela sua coragem de romper com as convenções do casamento, ou por temerem as críticas da sociedade pelo fato de conviverem com uma mulher desquitada ou divorciada. A rejeição moral ao divórcio era tão forte que um rei inglês foi obrigado a abdicar do trono, em pleno século XX.

Edward VIII e Wallis Simpson: trocando o trono pelo amor

O rei George V morreu em janeiro de 1936 e Edward VIII, seu filho mais velho, herdou o trono inglês. Edward tinha um relacionamento amoroso com Wallis Simpson, uma americana divorciada, que havia casado duas vezes. O relacionamento entre Edward e Wallis teve início quando ela ainda era casada, em segundas núpcias, com o empresário Ernest Aldrich Simpson. Em novembro de 1936, Edward comunicou ao primeiro-ministro, Stanley Baldwin, que casaria com Wallis Simpson assim que ela obtivesse o divórcio. O primeiro-ministro teve a difícil e delicada missão de informar ao rei que o povo, o governo e a Igreja não aceitariam Wallis como rainha. O rei afirmou que abdicaria se não pudesse casar com Wallis, e o primeiro-ministro ofereceu-lhe três alternativas: não se casar com Wallis, casar contra a vontade do seu governo (provocando a demissão dos ministros e gerando uma crise constitucional) ou abdicar.

Edward optou pela última alternativa, abdicando em dezembro de 1936, em favor de seu irmão, George VI, pai da rainha Elizabeth II.

O sacrifício exigido a Edward VIII para que pudesse casar com uma mulher divorciada pode não ser o melhor exemplo para revelar a moral que ditava os comportamentos sobre o divórcio, por se tratar da aristocracia europeia. Porém, o estigma do divórcio estabelecia-se em outros meios sociais, e foi um comportamento abandonado há pouco mais de três ou quatro décadas – obviamente, dependendo dos hábitos conservadores e religiosos de cada país. Em São Paulo, uma cidade cosmopolita e uma das maiores cidades do mundo, ainda havia rejeição ao divórcio na década de 1970.

Alexandre e Odete: o preço do amor

No início dos anos 1970, Alexandre era o único filho de uma família tradicional libanesa de São Paulo. Ele e Dora, sua irmã dois anos mais velha, viviam com os tios e a mãe, uma viúva que perdera o marido pouco antes de Alexandre nascer.

Dora era professora, esguia e elegante, com pele e cabelos claros e intensos olhos azuis. Apaixonou-se por um jovem brasileiro, mas o tio materno (irmão da mãe, com quem moravam) não aprovou o relacionamento e ela não se casou. O seu destino foi traçado: iria cuidar dos tios, que não tinham filhos, e da mãe, durante a velhice deles.

Alexandre, de acordo com os preceitos árabes, seria o homem da casa. Era esperado que tomasse as decisões importantes e contribuísse para o sustento da família. Também esperavam que ele casasse com uma jovem herdeira, de preferência descendente de árabes, para perpetuar os costumes.

Alexandre se mostrou arredio ao casamento, até pouco antes dos trinta, quando se apaixonou e comunicou à família que queria se casar. Todos acharam uma excelente ideia, até o momento de conhecer a escolhida: Odete era desquitada e mãe de um filho que vivia com o ex-marido. A família reagiu de acordo com os seus padrões morais: não aceitou a relação de Alexandre com Odete. Até perdoou o fato de ela não ter ascendência árabe, mas não podia perdoar o fato de ser desquitada. Nunca mais a receberam em casa e Alexandre cortou relações com os parentes.

Dora cumpriu o seu destino: primeiro cuidou do tio doente, depois da mãe, e finalmente da tia, que morreu pouco antes de completar 104 anos. Além disso, embora não falasse com a cunhada, Odete, ajudou o irmão, que, entretanto, dilapidara toda a sua herança. Ele acabou vivendo com Odete em um pequeno apartamento que Dora havia comprado. Odete morreu e nem mesmo após a sua morte Alexandre quis voltar para junto da irmã: continuou no pequeno apartamento, consumido pela solidão, até adoecer. Foi Dora, mais uma vez, quem cuidou dele até o fim.

Atualmente, aos 80 anos, Dora ainda tem dificuldade em compreender por que seu irmão trocou a família por Odete, uma mulher divorciada.

FUNDAMENTOS DA RELAÇÃO COM A EX

Com a evolução dos costumes, o divórcio passou a ser aceito até se transformar em um comportamento normal, mas persistem reservas sobre a relação entre os envolvidos: apesar de haver algumas restrições ao convívio entre ex-marido e ex-mulher, a regra de ouro é sobre os companheiros dos novos casamentos não confraternizarem com os dos casamentos anteriores. Embora ex e atual convivam, isso acontece mais por necessidade do que por desejo. E o que emergiu desse convívio foi um relacionamento tenso, cheio de problemas e permeado por uma constante luta de poder. Isso acontece por inúmeras razões.

- Talvez a primeira razão seja um resquício das ideias iniciais sobre o divórcio e que persistem no imaginário – ainda que de forma inconsciente. Essas imagens preconcebidas são a de que a ex é uma pessoa difícil, que vive arranjando problemas para complicar a vida do casal, e a atual tenta assumir o lugar da ex junto dos filhos, da família e dos amigos.
- Atual e ex são obrigadas a estabelecer uma relação – ainda que indireta – por causa dos filhos do casal separado, especialmente quando eles ainda são crianças. É um convívio forçado que não aconteceria se tivessem opção.
- Ambas têm receios. A ex teme que o seu lugar seja usurpado e a memória da sua presença se dilua entre aqueles que fizeram parte da sua vida durante anos: a família do marido e os amigos, que podem, eventualmente, ver-se na situação ingrata de ter que optar por um dos membros do casal. A atual teme não ser "suficientemente boa", quando comparada, em uma ou outra ocasião, com a ex. Às vezes essa comparação é feita de forma inocente pelas crianças.
- Esses receios geram insegurança. Embora não saibam, as duas começam a se sentir inseguras e, para combater esse sentimento,

vão competir uma com a outra, iniciando uma "guerra de poder" em que uma tenta "ganhar" da outra em todas as ocasiões e nos mínimos detalhes.

- Num contexto de medo e insegurança, emerge naturalmente o ciúme: dos filhos, dos amigos, da família do ex-marido e até da sua própria família.
- Os sentimentos negativos (medo, insegurança, desejo de controle, ciúme) acabam por contaminar todos os que participam da relação – direta ou indiretamente. Da relação entre a ex e a atual vão emergindo situações que são alimentadas pelo ódio e pelo ressentimento. O desejo de se magoarem, mesmo para impor seus desejos mais insignificantes, atinge principalmente os filhos e o marido.
- O contato entre ex e atual também é determinado por um fator anterior: se a relação do marido com a ex é ruim, isso vai contaminar a relação com a nova mulher. As duas começam a conviver mediadas pelo conflito que a ex tem com o marido. A relação delas se torna um reflexo da relação do antigo casal. Nesses casos, elas nem sequer chegam a ter a oportunidade de criar um relacionamento.

ROMPENDO COM AS CONVENÇÕES

O que determina os rumos iniciais da relação, mesmo antes de as pessoas se conhecerem, são os paradigmas, a ideia de que os papéis sociais da ex e da atual se opõem e devem ser problemáticos e conflituosos. Mas os paradigmas sociais podem – e devem – ser quebrados, como aconteceu com Fernando e Mariana.

Fernando e Mariana: além das convenções

Fernando era um médico conceituado e tinha 70 anos quando ficou viúvo. Apaixonado pela mulher, fez o impossível para salvá-la e ficou ao seu lado até o fim.

Dois anos depois, conheceu Mariana, que era pouco mais nova que ele – talvez um ano ou dois. Apesar de Mariana ser casada, o inevitável aconteceu e eles se apaixonaram.

Ela deixou claro, desde o início, que não iria se separar do marido, Franklin, e explicou as razões da sua decisão: muitos anos antes, Franklin sofrera um acidente que o deixou paraplégico. Mariana cuidava dele desde então e o casamento transformou-se em uma relação de companheirismo e afeto. Mas, como Mariana não estava disposta a abdicar da honestidade com que sempre pautou o seu comportamento, contou ao marido que tinha se apaixonado por Fernando.

A reação de Franklin foi surpreendente: disse que lhe daria o divórcio se ela quisesse, porque compreendia a situação e queria que ela fosse uma mulher feliz. Não tinha ressentimento em relação a Fernando, nem mágoa por Mariana ter se apaixonado, pelo contrário, estava feliz por ela, e deixou de se sentir culpado por tê-la sempre ao seu lado.

Fernando, por sua vez, após saber do acidente de Franklin, também não queria que ela se divorciasse: entendia a necessidade de Mariana cuidar do marido e estava ciente do afeto que os unia.

Ambos, Fernando e Franklin, sabiam da existência um do outro e a ligação entre eles acontecia através de Mariana. Eles respeitavam os espaços de cada um.

Essa foi uma das histórias mais impressionantes que presenciei e revela a coragem e grandiosidade do ser humano: é necessário que as pessoas sejam muito elevadas espiritualmente para saberem ceder, romper com as convenções sociais e conviver com as situações difíceis da vida. Os três reconheciam suas limitações e usaram a honestidade e o afeto para poderem usufruir um último presente que a vida lhes deu.

Também é importante saber que os filhos de Fernando, todos eles médicos, aceitam a situação com a maior tranquilidade e recebem Mariana carinhosamente sempre que há uma festa de aniversário ou um final de semana na chácara da família.

Nesse caso, não havia uma ex, apenas três pessoas empenhadas em encontrar a felicidade sem se magoarem. Comparado com um relacionamento entre ex e atual, esse é infinitamente mais complicado e, no entanto, foi encontrada uma solução inusitada, que desafia os paradigmas da sociedade.

Os papéis desempenhados pela ex e pela atual parceira de alguém são complexos – o convívio nem sempre é fácil –, mas o que determina a qualidade de um relacionamento é a educação e a personalidade das envolvidas, e não as convenções sociais que apontam para um convívio ruim entre as duas.

Qualquer relação pode ir muito além e romper as convenções sociais. Esse é o objetivo aqui: quebrar paradigmas e criar um novo modo de lidar com as situações. E o ponto de partida é aceitar que a vida é um aprendizado constante, e deve-se abrir a mente antes de julgar ou criar preconceitos sobre as pessoas e as circunstâncias, porque esse é, também, o primeiro passo para o amadurecimento e para uma vida mais feliz.

1. Embora as convenções sociais sejam importantes, por nos permitirem saber como agir em cada momento, algumas devem ser questionadas, porque só dessa forma é possível fazer com que a sociedade evolua e adapte ou incorpore novas regras.

2. Para lidar com certas situações é preciso, por vezes, romper com os comportamentos predeterminados pela sociedade. Nesse caso, é essencial partir do pressuposto de que as relações entre ex e atual não têm de ser ruins, como a maioria acredita e como foi convencionado durante anos.

3. O ponto de partida de qualquer relacionamento deve acontecer com base na observação da realidade e não em ideias preconcebidas ou opiniões alheias.

4. Uma nova relação não deve ser contaminada pelo comportamento dos outros. Por exemplo, o relacionamento do marido com a ex-mulher não deve determinar o tipo de convívio entre a mulher atual e a ex. Embora seja difícil, as atitudes devem ser filtradas, porque as pessoas são diferentes e as situações também.

3. PASSADO: O LUGAR DE PARTIDA

Quem não recorda o passado está condenado a repeti-lo.
George Santayana

ENAMORAMENTO

O início de qualquer relacionamento é um momento encantado, em que tudo é mágico e maravilhoso. Pequenos gestos e palavras se enchem de significados, como se os apaixonados tivessem a capacidade divina de criar um novo mundo e um novo vocabulário – que só eles acessam e entendem. As emoções ficam à flor da pele: tudo se enche de amor e riso, mas também se pode encher de tensão e drama. O enamoramento é isso: o exagero das emoções.

O princípio é sempre uma época delicada, de grandes vulnerabilidades e excessos, em que as pessoas se descobrem, tateiam os seus limites e buscam algum isolamento para se conhecerem melhor. Amigos e família ainda não fazem parte do processo e só mais tarde é que poderão ser incluídos no círculo formado pelo novo casal, quando ambos estiverem mais seguros dos seus sentimentos e dos rumos do namoro.

Nesse período de descobertas, os enamorados acreditam estar lidando apenas um com o outro, mas a realidade não é tão simples quanto parece: eles estão se conhecendo, mas estão também lidando com seu passado, com suas memórias e com todos aqueles que fizeram parte de seu percurso. Essas pessoas com quem um dia se cruzaram deixaram seus registros – fortes ou indeléveis, positivos ou negativos, mas, ainda assim, algum tipo de marca que revela a sua passagem pela vida do outro.

É inevitável que, ao interagir com o mundo, se preserve ou copie aquilo que mais agradou ou que vai agregar algo: uma expressão que você escutou e achou bonita; o livro preferido de um amigo, que acabou se tornando seu preferido também; um lugar onde costumava passar férias com alguém, e continua visitando; uma comida que aprendeu a gostar com uma pessoa que amou. A isso se chama enriquecimento pessoal: é a capacidade de aprender com os outros, buscar novidades, amadurecer. Quem não se abre ao mundo e não integra novos aprendizados acaba se cristalizando, sem acompanhar a evolução da vida, tornando-se incapaz de crescer – intelectual e espiritualmente.

PASSADO: O PRIMEIRO DESAFIO

No início de uma relação ninguém racionaliza que a pessoa por quem se apaixonou é resultado de todas as suas experiências, e o seu passado representa o seu aprendizado. Ninguém pensa que foi o que ela viveu, os lugares que visitou, os livros que leu, a educação que teve, quem conheceu e amou, que contribuíram para transformá-la em um ser especial ao seu olhar – o ser pelo qual se apaixonou.

O encontro de duas pessoas é, antes de tudo, o encontro de suas experiências: todos têm um passado. E esse passado é a viagem que os trouxe ao momento atual. Embora não determine o futuro, é, com toda a certeza, o percurso que permite que sejam quem são. Foi por meio de erros e acertos, amores e desamores, encantos e desencantos que se deu o aprendizado e aconteceu o amadurecimento.

Em geral, aquilo que se desconhece gera angústia e ansiedade. Algumas pessoas se sentem ameaçadas pela história do companheiro, especialmente quando há uma ex – e, hoje em dia, é muito difícil que não haja uma ex. Esse é o primeiro desafio de um relacionamento: aprender a conviver com o passado e com as pessoas que fizeram ou são parte da vida do seu parceiro.

É normal que, ao conhecer alguém, se deseje saber o máximo

possível sobre sua vida. Mas, quando esse desejo se transforma em necessidade de "controlar" o passado do outro, começa a se delinear uma situação que irá trazer sofrimento e pressão para a relação. A linha entre um e outro – o desejo de conhecer e o de controlar – às vezes é muito tênue. É difícil distinguir quando já começou um relacionamento controlador, que vai restringindo aos poucos a liberdade do outro.

CONTROLANDO O PASSADO

As motivações para tentar "controlar" o passado do namorado ou marido são várias: insegurança, excesso de ciúme ou simples necessidade de dominar o outro. Todos já foram assaltados por algum desses sentimentos em uma situação específica, mas, quando eles se tornam excessivos, o resultado é um relacionamento desequilibrado e infeliz. Qualquer que seja a razão para o exercício de controle sobre o outro, trata-se de um comportamento que gera conflitos e traz algum grau de sofrimento ao casal.

Recorrendo a uma tipologia grosseira, pode-se dizer que a tentativa de "controlar" o passado do outro é um reflexo de três tipos de personalidade: os inseguros, os ciumentos e os controladores. Embora um desses tipos possa ser dominante, é frequente que um indivíduo seja uma mescla dos três.

OS INSEGUROS

Até os mais tranquilos e seguros já sentiram uma ponta de incerteza ao saírem da sua zona de conforto e serem confrontados com acontecimentos novos ou emocionalmente desafiadores. Todo mundo, em algum momento, sente um friozinho na barriga e receia não ser capaz de fazer alguma coisa – por exemplo, terminar um projeto ou se envolver em um relacionamento.

Em alguns casos, a insegurança funciona como uma mola propulsora, que leva as pessoas a se prepararem melhor para superar seus limites e medos. Mas, quando a insegurança é um traço dominante e o indivíduo passa a duvidar das suas capacidades, achando que não consegue realizar nada e se considera indigno de ter coisas boas em sua vida, ele deve buscar ajuda profissional para descobrir as causas desse sentimento (que podem ser diversas). Em casos assim, a insegurança não conduz a uma atitude de superação, mas de paralisia. Uma personalidade insegura sofre de baixa autoestima, desconhece o seu valor e não confia em si. Como poderá, então, construir um relacionamento saudável e confiar no seu parceiro se não confia em si mesma? A insegurança não afeta apenas quem a sente, ela vai além do indivíduo e chega ao seu círculo social, afetivo e profissional, dificultando a construção de relações equilibradas – quaisquer relações.

OS CIUMENTOS

O ciúme funciona como um comportamento de defesa com a intenção de preservar um relacionamento e, em geral, surge quando alguém se sente ameaçado. Quando o ciúme está associado a uma ocasião pontual, entra em uma categoria de comportamentos aceitáveis, que até podem ser benéficos para o relacionamento. No entanto, quando o ciúme é irracional, constante e infundado, torna-se patológico.

O sentimento, se descontrolado, impede que haja um cotidiano tranquilo e faz com que o alvo do ciúme seja obrigado a alterar os seus hábitos – deixando até de conviver com seus colegas, amigos ou familiares, como forma de evitar conflitos com o parceiro. Ese tipo de ciúme – excessivo – prejudica e pode levar ao fim da relação. Além disso, é uma das principais razões para as agressões. É aconselhável que o ciumento busque ajuda terapêutica, inclusive para evitar o profundo sofrimento que essa emoção lhe causa.

OS CONTROLADORES

Aqueles que têm um perfil controlador necessitam exercer o poder sobre os outros, forçando-os a agir conforme seus desejos e, com isso, gerando situações de conflito.

Os controladores agem como se fossem donos da razão e ficam magoados ou irritados quando os outros não fazem o que eles querem.

Em geral, tentam impor a sua vontade e são intolerantes – não têm paciência sequer para escutar os argumentos dos demais. Querem dominar tudo o que os rodeia. Às vezes, nem mesmo percebem que estão sendo manipuladores ou controladores. Acreditam que estão sempre certos e, frequentemente, disfarçam as suas verdadeiras intenções – que são sempre as de controlar os outros.

O controlador sente necessidade de saber tudo e tomar todas as decisões, determinando o que se pode ou não fazer, com quem se pode ou não conviver.

O desejo de controlar o outro e o seu passado não é exclusivo de quem apresenta esses perfis. Nem sempre é fácil aceitar certas situações do passado do companheiro. Às vezes, nem sequer é fácil aceitar situações do seu próprio passado. Mas é preciso entender que tudo o que já aconteceu tem um caráter irreversível: não vai mudar.

Indivíduos com dificuldade em conviver com aquilo que não dominam acreditam que, conhecendo a história do companheiro e estabelecendo regras sobre a forma como ele deve lidar com essa história, conseguem controlar a pessoa amada.

A IMPOSSIBILIDADE DE CONTROLAR O PASSADO

Embora a pessoa acredite que está mais segura no relacionamento ao controlar o passado do outro, é uma falsa segurança. É óbvio que todos sabem – racionalmente – que não podem alterar eventos já ocorridos. O problema ocorre quando o indivíduo não consegue aceitar certos acontecimentos da vida do outro e não sabe lidar com eles – são situações que causam angústia ou despertam insegurança.

Mas como pode alguém "controlar" algo que já aconteceu? Da única forma possível: tentando apagar os acontecimentos e as pessoas da memória ou minimizando a sua importância. Alguns rasgam fotografias, apagam nomes das agendas, destroem evidências da presença de alguém em suas vidas, acreditando que, dessa forma, também apagam a pessoa que tão ferozmente desejam eliminar. Atitudes que não levam a nada, porque é impossível apagar ou mudar o passado.

Imagine o seguinte: alguém diz que vai "apagar" da história a Revolução Francesa ou as pessoas mais emblemáticas que participaram dela, como a rainha Antonieta, Marat ou Robespierre. O que você pensaria? Com certeza explicaria àquela pessoa que não é possível destruir a história da humanidade, e até pensaria que ela tem sérios problemas psicológicos. O mesmo acontece com a história pessoal de alguém. É preciso aceitar que não se pode controlar os eventos nem a vida dos outros.

Na verdade, o desejo de controlar o passado não é mais do que um desejo mascarado de controlar o presente e determinar o que o outro pode e não pode fazer. E esse desejo de controlar o que o outro viveu – e vive –, além de ser inútil, contribui para minar a relação, podendo destruí-la, como aconteceu com Marcos e Iolanda.

Marcos e Iolanda: ameaçados pelo passado

Marcos era um jovem cheio de charme, com uma longa lista de namoradas, até o dia em que conheceu Iolanda e se apaixonou. Ela era magra e miúda como uma pequena bailarina. O seu longo cabelo castanho e brilhante, até o meio das costas, fascinava Marcos, que sempre gostara de mulheres de cabelo comprido, talvez por lhe recordarem Leia, a sua primeira namorada, uma linda indiana de cabelos negros, que iam até a cintura esguia. Mas, ao contrário de Leia, que possuía uma beleza exótica, capaz de chamar a atenção de qualquer pessoa, Iolanda não era bonita, embora tivesse um rosto interessante, marcado por profundos e intensos olhos castanhos.

Desde o início do namoro, Iolanda nunca foi simpática com nenhum dos amigos de Marcos, quase como se o desejasse só para ela. Nas poucas vezes em que haviam saído todos juntos, ela foi agressiva, parecendo estar sempre pronta para começar uma discussão por qualquer motivo, por mais insignificante que fosse. Discordava de todos e tentava impor sua opinião. Para evitar situações desagradáveis, os amigos de Marcos se calavam. Ninguém acreditava que o namoro fosse adiante, mas todos se enganaram.

Marcos percebia os sinais da personalidade controladora de Iolanda, mas acreditava que ela mudaria e que com o tempo se tornaria mais suave e tolerante.

Casaram pouco antes de ele completar 30 anos, após dois anos de namoro, e Iolanda se tornou ainda mais possessiva e controladora, frustrando as expectativas do marido. Aos poucos, Marcos se afastou primeiro dos amigos e depois da família, até ficar totalmente isolado. Mudaram para o norte do país, o lugar mais distante da cidade onde Marcos vivia, no sul. Começaram uma nova vida e o convívio com todos aqueles que haviam feito parte do passado dele se diluiu.

As notícias chegavam de longe, quase como se Marcos estivesse em outro planeta. Eles tiveram um filho, um menino, que só conheceu os avós e o tio paterno. O restante da família de Marcos nunca o viu. O comportamento controlador e ciumento que Iolanda tinha com Marcos foi transferido para o filho, que também foi podado do convívio de todos aqueles que ela achava que poderiam ser alvo do afeto do menino. Nessa época, Marcos deixara de visitar a mãe e não tinha contato com os amigos nem com a família. Mas, por mais que se esforçasse para agradar Iolanda, nunca parecia suficiente: ela queria controlá-lo sempre mais e mais.

A relação se desgastou e o casamento acabou depois de quatro anos, pois Marcos não suportava mais o comportamento doentio de Iolanda. Após a separação, ela transformou a relação com Marcos num conflito sem fim, impedindo-o de ver o filho e fazendo uma guerra contra ele e contra a sogra, sempre que ela tentava se aproximar do neto. Visitas e telefonemas estavam proibidos para Marcos ou qualquer familiar. Iolanda usou todas as estratégias para magoá-lo. Negou-lhe o divórcio e Marcos teve que consegui-lo na justiça, assim como o direito de visitar o filho. Mesmo assim, ela fez sempre o impossível para impedi-lo de ver a criança.

O desejo de eliminar todos os que fizeram parte do passado de Marcos servia apenas para esconder a verdadeira intenção de Iolanda: dominar o marido. Para atingir seu objetivo, isolou-o, convencendo-o a mudar para outra cidade. Iolanda acreditava que ao controlar Marcos o seu casamento estaria seguro, mas esqueceu que o principal problema estava dentro dela, no seu ciúme patológico e na sua obsessão por controle. E o pior é que ela acabou agindo com o filho do mesmo modo que agia com Marcos: de maneira possessiva.

A história de Iolanda e Marcos levanta questões importantes.

ACEITANDO O CONTROLE

Ninguém isola ou controla outra pessoa sem o seu consentimento. Em uma relação, se um quer controlar, isso só é possível com a permissão do outro. Às vezes alguém comenta: "Ah, mas ela (ou ele) não me deixava falar com ninguém", "não me deixava fazer isso ou aquilo", mas esquece que aquele comportamento só foi possível porque foi legitimado por seu consentimento.

A responsabilidade por um relacionamento e a forma como ele evolui é dos dois: de quem quer se impor e controlar e de quem permite que o outro se imponha e domine. Mesmo que ame muito alguém, a responsabilidade continua sendo sua: a escolha de continuar na relação é sua, e o fato de aceitar o que o outro quer também é sua determinação.

ESPERANDO O OUTRO MUDAR

Se alguém começa um relacionamento esperando que a outra pessoa mude com o tempo, está partindo da premissa errada. Uma relação se constrói a dois: não se pode esperar que o outro mude comportamentos que lhe desagradam desde o início do namoro. Nesse momento, não é ela (ou ele) que deve mudar, é você quem deve se perguntar se aquela pessoa tem o perfil do parceiro que gostaria de ter na sua vida. Além disso, precisa entender que é muito difícil alguém mudar seus comportamentos mais arraigados.

"APAGANDO" O PASSADO DO OUTRO

Se você tentar controlar a pessoa que ama, isolando-a ou "deletando" o seu passado, vai torná-la infeliz e, um dia, toda essa pressão vai provocar o colapso da relação.

Ninguém pode destruir as memórias ou eliminar as pessoas que fizeram parte da sua vida porque surgiu alguém novo, que não consegue coexistir pacificamente com esse passado. Se alguém quer "apagar" o passado do companheiro, isso significa que também está querendo eliminar parte da sua identidade, parte do que viveu e as pessoas que amou. Esse tipo de desejo leva, inevitavelmente, a uma relação doentia.

ACEITANDO O PASSADO

Quando nos debruçamos sobre o passado, é para aprender, entender quem somos e evitar que os erros se repitam. É o passado que oferece a experiência necessária para tomar decisões mais sábias no presente e possibilita o desenvolvimento intelectual, emocional e espiritual.

O passado é o lugar de onde se veio, por isso não deve ser ignorado. É verdade que é essencial seguir em frente, olhar o futuro, não ficar preso ao que se viveu nem aos relacionamentos que se teve. Aceitar o passado não significa que se continue querendo ficar na mesmice ou voltar para o(a) ex. Assim como seguir em frente também não significa apagar todos os que fizeram parte de nossa vida – ex, amigos e família.

Há que se respeitar e aceitar o passado, considerando-o um aprendizado, porque ele sempre vai continuar dentro de cada um, queiramos ou não. Esse é o primeiro passo para uma relação amistosa e feliz com aqueles que fazem parte do nosso percurso – incluindo a ex.

Por isso, se alguma situação na vida do seu companheiro a incomoda, converse com ele. Escute a versão dele antes de acusar e tirar suas conclusões com base no que alguém lhe contou ou no que você deduziu. O ponto de partida da convivência é o diálogo, não a acusação. Isso se aplica a todas as situações: não faça julgamentos precipitados e sempre ouça o seu companheiro antes de escutar os outros.

1. O passado é um aprendizado: o amadurecimento se dá por meio de tudo que alguém viveu. Devemos analisar o passado para evitar cometer os mesmos erros, mas não devemos ficar presos a ele. Compreenda que o que passou é imutável e não volta, e use esse ensinamento para seguir em frente.

2. Não tenha preconceitos em relação ao passado do seu companheiro: mantenha a mente aberta e não julgue antes de conhecer a sua história.

3. Não queira apagar o passado dele, afastando todos os que fizeram parte da sua vida. Pelo contrário, aceite e se aproxime dos amigos e da família dele. Essa atitude vai mostrar que o respeita e que está querendo participar de uma nova etapa sem tentar destruir momentos importantes do crescimento dele.

4. É inútil tentar negar a história. O passado não se esquece nem se enterra: ele ressuscita constantemente, porque está dentro de cada um. É graças a ele que somos como somos. Enquanto houver memória, há passado, há história.

5. Mesmo quando tiver dúvidas, confie em seu companheiro. A confiança é a base de qualquer relação. O fim da confiança é o fim da relação. Se ele não merece a sua confiança, então essa relação também não serve para você.

6. O desejo de controlar alguém gera apenas sofrimento e desgaste. É impossível saber o que o outro está fazendo o tempo todo, e se essa for a única forma de estar em um relacionamento, com certeza a situação irá piorar com o tempo. Alguém que precisa saber sempre onde o outro está e com quem está coloca a ênfase da relação no local errado: o problema não é o outro, mas sim a própria pessoa, que ou é demasiado controladora, insegura ou ciumenta, ou não confia em seu companheiro.

7. Quando a insegurança, o ciúme ou o desejo de controle se tornam exagerados, devem ser tratados por meio de terapia, porque geram muita dor à pessoa que os sente, e são destrutivos para qualquer relacionamento.

8. Nunca espere seu companheiro mudar alguns comportamentos que lhe desagradam desde o início da relação, porque existe a possibilidade de ele nunca mudar. Pondere se deseja essa pessoa na sua vida do jeito que ela é.

9. Lembre-se de que as duas pessoas são responsáveis por tudo o que acontece em uma relação, e se o seu companheiro é controlador, é porque você lhe deu espaço, aceitando esse tipo de comportamento. Quando você aceita algo que lhe desagrada, está permitindo que essa atitude se perpetue.

4. ESCOLHAS: RESSENTIMENTO OU PERDÃO

Sem perdão, não há futuro.
Desmond Tutu

IMPACTOS DA SEPARAÇÃO

As opiniões sobre a forma de lidar com os ex se dividem: alguns acham que podem e devem manter relações cordiais, embora a maioria só mantenha uma relação com o antigo parceiro por obrigação. A existência dos filhos é a principal justificativa para preservar esses relacionamentos, tantas vezes permeados de conflitos. Portanto, o comportamento mais usual é o fim do relacionamento coincidir com o corte das relações: quando o casamento ou o namoro acabam, as pessoas deixam de conviver uma com a outra.

O tempo que dura uma relação é impossível de prever: algumas duram a vida toda, outras duram muito pouco. Nos relacionamentos mais longos, os laços se tornam mais profundos e as relações familiares mais estreitas, e quando o casal se separa há sempre uma espécie de manutenção residual do relacionamento, que acontece através do convívio com a família ou com os amigos. De algum modo, nas relações que duram mais tempo, é sempre mais difícil cortar todos os laços. Há mais gente envolvida e pessoas com quem se criaram sentimentos de afeto e amizade, que às vezes independem do parceiro.

Não é apenas o tempo que determina a forma como todos irão

conviver após a separação. É, principalmente, a maneira como o relacionamento termina.

O fim de uma relação sempre acarreta sofrimento e mágoa, e as pessoas tendem a se fixar mais no que ficou de negativo. Até por uma questão de defesa emocional, elas não recordam o afeto que as uniu no início e a felicidade que um dia sentiram. Na separação, as mágoas e mal-entendidos acumulados durante a vida em comum parecem adquirir mais importância do que os bons momentos. É o processo natural da ruptura.

Infelizmente, em certos casos, até os filhos são relegados a segundo plano quando os pais se debatem numa guerra pelos bens para definir quem fica com o quê, ou enveredam pelos caminhos da vingança, tentando magoar o outro ao máximo. Nessas situações, quando o casal opta pelos caminhos da ira e as separações são guiadas pelo ódio, nada de bom irá sobreviver. Mesmo as memórias do que um dia foi maravilhoso – o primeiro olhar ou o primeiro beijo – são apagadas. Não existe nada mais triste ou mais degradante do que acabar um casamento ou uma relação com desejo de fazer mal ao outro.

O ódio é um sentimento que faz mal não apenas a quem é dirigido, mas também a quem o sente. As pessoas esquecem, com frequência, que aquilo que pensam e fazem retorna para si mesmas. A vida nada mais é do que um espelho, que sempre nos devolve nossas ações e emoções.

RESSENTIMENTO

A separação de um casal, por mais dor que cause ou mais marcas que deixe, não deve determinar os sentimentos de alguém para o resto da vida, como aconteceu com Regiane, uma das pessoas mais rancorosas que conheci.

Regiane: raiva e ressentimento

Regiane é uma mulher bonita, de 48 anos, que mora em Minas Gerais. Tem dois filhos adultos – um rapaz de 20 anos e uma moça de 22. Há dezessete anos, quando os filhos eram crianças, o marido pediu o divórcio, alegando que amava outra pessoa. Clara, a mulher por quem ele se apaixonou, não era mais bonita que Regiane, mas era mais simples e mais afetuosa. Era alguém que olhava a vida com otimismo e ternura, ao contrário de Regiane, que, apesar de aparentar tranquilidade, vivia com um mundo de raiva dentro de si, sempre criticando tudo e todos.

Dois anos após o divórcio, Regiane conheceu um colega de trabalho com quem casou. Porém, mesmo muitos anos depois da separação, ela é incapaz de falar do primeiro marido sem depreciá-lo. Regiane impressiona pela forma virulenta como se refere a ele: os seus olhos brilham com uma raiva viva, que beira o ódio – ou talvez seja mesmo ódio. Tudo o que ela diz sobre o primeiro marido é maldoso.

A origem de tamanha raiva está no motivo da separação. Regiane não perdoa o fato de o ex-marido ter se apaixonado por outra pessoa, e continua presa às mesmas emoções que sentiu quando o casamento terminou – ira e ressentimento. Por isso, passou anos falando mal do pai para os filhos, empenhada em destruir a relação entre eles.

Ela afirma que nunca vai perdoar o ex-marido, que deseja que ele seja muito infeliz, e não perde a oportunidade de denegri-lo perante qualquer um.

O segundo marido de Regiane é muito parecido com ela. É rancoroso e talvez consiga ser, em certos aspectos, mais manipulador e maldoso que ela.

Atualmente, a atitude de Regiane perante a vida vai além das emoções suscitadas pelo seu ex-marido: ela afirma, com certo orgulho, que sente muito rancor, e, quando detesta alguém, nunca mais deixa essa pessoa em paz e faz o impossível para destruí-la.

O divórcio de Regiane é uma daquelas situações em que os filhos foram, certamente, os que mais sofreram. Além da dor causada pela separação, cresceram ouvindo a mãe criticar o pai. Todos os envolvidos tiveram a sua cota de sofrimento, e esse era o maior desejo de Regiane. Ela preferiu abdicar da sua felicidade e se concentrar em tornar a vida do ex-marido com Clara o mais infeliz possível.

Embora o ex-marido tenha se apaixonado, e isso provocasse muita dor e raiva, é preciso lembrar que nada acontece por acaso. Tudo na vida tem um motivo. Não adianta querer manter ao seu lado alguém que já deixou de amá-la. Se o amor acaba, o casal deve tentar resguardar o melhor da relação e preservar a amizade e o respeito. Quando tudo o que restou de um relacionamento é a ira e o ódio, todos os anos de vida em comum parecem não ter valido a pena. As pessoas focam o negativo e o tempo que passaram juntas parece ter sido em vão.

Regiane é uma pessoa infeliz, porque foi incapaz de perdoar e seguir adiante. E embora esteja vivendo o seu segundo casamento, há nela um ressentimento que a impede de aproveitar a vida.

O ressentimento faz mal, envenena a alma e o corpo: Regiane sofre de dores de cabeça intensas que chegam a durar três dias. Seu humor instável e amargo é, provavelmente, fruto de seus terríveis sentimentos. Alguém que guarda tanto ressentimento, por tanto tempo, está alimentando uma fonte de veneno no coração.

Sentimentos negativos como o rancor, a raiva e a incapacidade de perdoar fazem mal aos outros, mas são mais nocivos para quem os carrega. Além de provocarem a infelicidade, são responsáveis por várias doenças. A saúde é um reflexo dos hábitos e da alimentação, mas também dos pensamentos e das emoções.

CONSEQUÊNCIAS DO RESSENTIMENTO

O que os outros pensam, dizem e fazem contra nós afeta a nossa vida e pode gerar ressentimento. Por vezes, certas pessoas nos detestam sem nenhuma justificativa. Mas é assim que funciona o mundo: os motivos para alguns nos amarem são os mesmos motivos para outros nos detestarem. Há que se aprender a conviver com isso, superar e seguir adiante.

Ficar preso ao ressentimento tem várias consequências, todas elas destrutivas.

1. Provoca reações irracionais

Ninguém pode mudar o que aconteceu, e, ao se deixar dominar pelo ressentimento, vai agir de modo irracional e, por vezes, terá atitudes ridículas. O ressentimento é uma espécie de raiva acumulada, que leva a atitudes impensadas – mas sempre maldosas, com o objetivo de magoar o outro.

2. Destrói qualquer relacionamento

Enquanto os indivíduos estiverem focados em quem provocou a sua ira, não conseguem investir em nenhum relacionamento, porque o desejo de fazer mal ao outro consome toda a sua energia.

3. Torna as pessoas amargas

Os ressentidos estão dominados por sentimentos negativos e se tornam incapazes de ser felizes – mesmo que afirmem que o são. O único caminho para a felicidade é por meio do afeto e do perdão. A amargura transforma a personalidade, tornando as pessoas invejosas e incapazes de lidar com a alegria dos outros.

4. Atrai o caos

Quando alguém está sintonizado em energias negativas, como o ressentimento – e o desejo de vingança, que em geral está associado a ele –, a sua vida se torna caótica. De repente, tudo de ruim começa a acontecer. Isso é assim porque, como já disse, o universo é um espelho que devolve o que você é e faz.

5. É doentio

Pessoas dominadas pelo ressentimento podem ficar doentes – emocional e fisicamente. Por vezes tornam-se tão obcecadas com quem lhes fez mal, que não conseguem pensar em mais nada. Deixam de dormir e são assaltadas por vários sintomas físicos, como dor de cabeça ou de estômago. Seus desejos são destrutivos – e, por isso, a sua vida também será afetada, mais cedo ou mais tarde, pela destruição.

6. É inútil

É tão infrutífero guardar ressentimento quanto tentar apagar o passado. O ressentimento é uma arma que fere muito mais quem o cultiva do que o seu alvo. É um veneno que leva ao suicídio emocional. Antes de ferir o outro, você está se corroendo, se destruindo aos poucos.

PERDÃO

Felizmente, por mais difícil que tenha sido o fim da relação, há casais que se separam e seguem um caminho de harmonia. Tentam curar as mágoas para não deixar que elas os afetem. Bárbara escolheu o caminho oposto ao de Regiane – em vez do ressentimento, optou pelo perdão.

Bárbara: a escolha pelo perdão

Bárbara, uma artista sensível e inteligente, se casou aos 35 anos com Peter, um jovem e talentoso designer. Eles se conheceram no Brasil, mas depois de casados decidiram viver em Lisboa, para onde os pais dela haviam se mudado poucos anos antes.

O casal se adaptou com o apoio dos pais dela e foi morar em um dos apartamentos deles. Peter começou a trabalhar como publicitário e Bárbara dedicou-se à criação de esculturas e peças magníficas.

Tiveram um filho, Jonas. Após o nascimento do bebê, Peter começou a sentir necessidade de liberdade e espaço, algo que as exigências do casamento e do filho recém-nascido não permitiam. Durante o período em que Peter e Bárbara formavam um casal sem filhos, eles viajavam e saíam sem restrições e sem hora para voltar. A chegada do bebê mudou a dinâmica do casal: Peter gostava da noite, dos bares e das festas e manteve o estilo de vida de antes, mas Bárbara deixou de acompanhá-lo. O filho passou a ser a sua prioridade.

A relação se degradou e eles se separaram quando Jonas ainda não havia completado seis meses. Peter foi levar a vida que realmente queria. Por vezes terminava a noitada às oito da manhã, tomava um banho e ia trabalhar.

Poucos meses após a separação, Peter deixou de pagar a pensão do filho. Trocou o emprego bem remunerado por outro, com um salário menor, e passou a morar na casa deste ou daquele amigo. Foi perdendo os bens, aqui e ali – deixava a geladeira na casa de um, o sofá na casa de outro, as roupas no apartamento de uma das namoradas, e assim foi até o dia em que adoeceu, anos depois.

Bárbara nunca o impediu de ver o filho e sempre o tratou com educação, mesmo quando ele deixou de pagar a pensão de Jonas. Com frequência Bárbara se irritava com Peter, quando ele não cumpria seus combinados com o filho. Mas perdoou-lhe quase tudo, porque acreditava que o perdão era um passo necessário para continuar sua vida de maneira feliz.

Quando Peter adoeceu gravemente, foi Bárbara que organizou tudo e pagou a viagem de volta para o Brasil, onde ele iria se tratar. Muitos pensam que ela fez isso por amor ao ex-marido, mas não é verdade: apesar de todo o apoio que lhe deu, Bárbara jamais pensou em reatar seu casamento. Ajudou Peter por ser pai do seu filho. Nunca permitiu que a relação entre eles se tornasse tensa ou desrespeitosa, mesmo quando precisava cobrar de Peter certas responsabilidades em relação ao filho.

Infelizmente, quando Jonas fez 16 anos, não tinha nenhuma ligação emocional com o pai. Bárbara criou o filho sozinha, contando apenas com o apoio de seus pais.

Peter melhorou após um longo tratamento e se casou de novo.

Regiane e Bárbara têm filhos, e os caminhos que escolheram são os caminhos que seus filhos também poderão escolher. Não estou afirmando que os pais determinam a atitude futura dos filhos, mas que eles *copiam* ou *tendem a copiar* os comportamentos dos pais. Há sempre uma grande probabilidade de eles repetirem aquilo que vivenciaram.

Jonas tornou-se um jovem tranquilo e generoso. Evita conflitos desnecessários e é um músico talentoso, que segue a veia artística de Bárbara. Já a filha de Regiane tem vários traços da personalidade da mãe: acha que só o que ela faz é bem-feito, critica tudo e todos, acredita que o pai é um crápula e que todos os homens são iguais e não merecem sua confiança. É uma jovem amarga, não por escolha ou por circunstâncias da vida, mas pelo aprendizado e herança da mãe.

A PERPETUAÇÃO DO COMPORTAMENTO

A maneira como o casamento acaba influencia os relacionamentos futuros e o modo como as pessoas encaram e lidam com outros companheiros. É frequente que aqueles que foram traídos desenvolvam comportamentos desconfiados e ciumentos ou se tornem inseguros. Mas deixar que um evento negativo arruíne boas memórias do seu passado e determine o modo como vai reagir no futuro equivale a valorizar exatamente aquilo que se pretende superar, dando força ao que se deseja esquecer.

Se alguém fica prisioneiro de um evento negativo e ele passa a comandar a sua vida, as possibilidades de ser feliz são reduzidas. Além disso, aumentam as chances de voltar a viver uma situação idêntica: os eventos se repetem se as pessoas não romperam com o hábito de seguir os mesmos padrões – ter os mesmos pensamentos e agir do mesmo modo.

Existe ainda a questão da educação dos filhos – quando há filhos envolvidos. Como pode alguém ensinar aos seus filhos sobre perdão, generosidade ou ética se tem um coração que destila ódio e rancor, e está focado em fazer o mal? A responsabilidade pela formação dos filhos está relacionada com as opções que os pais fazem do ponto de vista moral.

Recordemos que muitos filhos de pais violentos tendem a se comportar do mesmo modo quando adultos – repetindo a espiral de violência que viveram na infância. É preciso romper o ciclo – e se os pais não rompem, esperemos que os filhos tenham a sabedoria de não perpetuar esses comportamentos e consigam seguir por outros caminhos. Mas a responsabilidade pelo que os filhos aprendem é, sem dúvida, dos pais.

No caso de Regiane, talvez seu rancor seja tão intenso que ela não se importe com o fato de ter ensinado o mesmo aos filhos. Talvez ela não perceba que os caminhos do ódio são áridos e só os caminhos do perdão levam à felicidade. Infelizmente, há pessoas assim: não conseguem ver além das suas próprias convicções, acreditam que estão certas e ficam teimosamente cegas para o resto do mundo. Esse tipo de cegueira se chama ignorância.

SUPERANDO POR MEIO DO PERDÃO

Ressentimento, rancor, ciúme e inveja pertencem a uma mesma categoria de emoções destrutivas. Chegam a provocar sintomas físicos, como se o peito e o estômago estivessem ardendo o tempo todo. São emoções que levam à prática de atos de ódio contra os outros. Mas, na realidade, o primeiro grande ato de maldade é contra si mesmo, ao minar a possibilidade de uma vida feliz. Por isso o perdão é tão importante.

Valorizar o perdão não é algo religioso. O perdão é essencial para seguir adiante e é a única maneira de afastar o ressentimento. Não há como ser feliz sem perdoar quem nos fez mal, ou sem superar as contrariedades que surgem no nosso percurso.

Não perdoar significa que você está dando poder à pessoa ou evento que estão na origem do sofrimento, deixando que contamine toda a sua vida. Se a vingança for tão importante para você, e o desejo de fazer mal ao outro a impede de seguir adiante, lembre-se de que o melhor caminho é o perdão, porque só assim você será feliz. E a felicidade é a melhor das vinganças.

Não importa se a pessoa que lhe fez mal não tem escrúpulos e é alguém que não "merece" o seu perdão. Perdoar aquela pessoa não tem a ver com o fato de ela ser ou não merecedora – é você que merece. É por você que o perdão é essencial. Para seguir em frente você precisa perdoar, senão vai levar aquela pessoa dentro de si. Perdoar é se livrar de tudo que não quer e lhe faz mal. Perdoar é se libertar.

Perdoar significa:

Abrir o coração

Admitir que está magoada, falar sobre isso, porque só poderá superar quando a dor se tornar menor. Não adianta fingir que está tudo bem ou ignorar os sentimentos: primeiro é preciso encará-los e compreendê-los. Se for necessário, faça terapia.

Ser persistente

O perdão é um processo. Ninguém perdoa de um dia para o outro. É um caminho lento, de revisitação das dores e do sofrimento, até o dia em que, ao pensar na pessoa que a magoou, o rancor se extinguiu. Você vai saber que o perdão aconteceu porque o sentimento será de paz. As memórias deixam de ferir, e você está livre das mágoas.

Limpar o coração

Depois de perdoar, quando já existe paz no coração, é preciso deixar de se preocupar com o que vai acontecer com a pessoa em questão. Se ela não foi punida por alguma ação terrível que perpetrou, não se preocupe – a vida tem um jeito estranho de fazer justiça. Aquilo que fazemos é o que retorna para nós. Liberte-se, repense sua vida e avalie o que precisou aprender com tudo que aconteceu para evitar que essa situação se repita.

Ser feliz

O perdão é a porta de entrada para a felicidade. É o primeiro gesto para se libertar de tudo aquilo que não deseja mais em sua vida. O verdadeiro perdão é uma energia libertadora que ajuda você a se reequilibrar, permitindo que descubra novos caminhos.

1. O ressentimento é a pior das escolhas para sua vida: guardar rancor e se deixar dominar pela ira leva ao desejo de vingança e consome toda a sua energia. Você investe na destruição, arquitetando planos para ferir os outros, em vez de investir na construção da sua vida.

2. Seus sentimentos e ações retornam para você: se semear o ódio e fizer o mal, é isso que vai receber de volta.

3. Existe justiça e somos nós que, de alguma forma, a escolhemos: as nossas ações e atitudes determinam o que receberemos. Por isso, quando ocorre algum episódio difícil, em vez de se perguntar se merece ou não aquilo, você deve se questionar sobre o que precisa aprender e seguir adiante – com o coração limpo.

4. Se você tem filhos, é sua responsabilidade ensinar-lhes os caminhos do perdão e superar as suas próprias mágoas. Você deve servir de exemplo para que eles se tornem pessoas melhores.

5. O futuro está em suas mãos. É você que determina qual será: investindo no perdão ou no ressentimento, escolhendo o amor ou o ódio, semeando o bem ou o mal.

6. Não deixe que um evento doloroso ou a atitude ruim de alguém determine o seu comportamento: você não pode controlar o que os outros fazem, mas deve gerir suas atitudes e emoções. Não dê o poder a quem lhe fez mal: perdoe, seja feliz e, principalmente, não aja como ele(a).

7. O perdão é o primeiro passo para a felicidade: o ressentimento prende você junto da pessoa que a magoou – é um abraço mortal, e o perdão a deixa livre, ou seja, lhe devolve o controle da sua vida.

5. INVEJA: UM CAMINHO TORTUOSO

Não há amizade, por mais profunda que seja, que resista a uma série de canalhices.

Jô Soares

AS ORIGENS DA INVEJA

No contexto dos relacionamentos, é importante falar da inveja, por se tratar de um sentimento que atrapalha a vida e, também, por dificultar a possibilidade de se manter uma boa relação com alguém. Considerado por muitos como um dos piores sentimentos que se pode ter, a inveja é camuflada e mantida oculta por ser percebida como algo vergonhoso. Ninguém assume que tem inveja disto ou daquilo, desta ou daquela pessoa. E o mais surpreendente é que todo mundo parece sempre conhecer gente invejosa, mas ninguém é invejoso – nem que seja só uma pontinha. É algo tão sofrido e constrangedor que se torna difícil admitir quando se sente. Foi assim que surgiu o conceito de "inveja boa" ou "inveja branca" – que seria uma categoria de inveja inofensiva. É até comum ouvir alguém afirmar: "Ai, que inveja! Inveja boa, claro!". Mas a verdade é que a inveja nunca é boa.

O filósofo francês René Descartes afirmou que a inveja faz tanto mal ao invejado quanto ao invejoso, porque esse último está sujeito a um sofrimento contínuo perante os êxitos do outro. Mas foi o teólogo e filósofo Tomás de Aquino quem melhor resumiu a atuação do invejoso e as características e resultados da inveja. Teoricamente, a inveja passa por cinco estágios:

1. Murmuração: mais conhecida como fofoca, consiste em espalhar mentiras a respeito de fatos embaraçosos ou depreciativos em relação à outra pessoa, com o objetivo de prejudicá-la.

2. Detração: é a maledicência às claras. Tem os mesmos objetivos e resultados da murmuração, porém é feita abertamente. A diferença em relação à fofoca é que, na detração, o invejoso orgulha-se de se identificar como o responsável pelos danos.

3. Exultação pela adversidade: ocorre quando alguém recorre a todas as estratégias para diminuir ou destruir a glória, a felicidade e o sucesso das pessoas que inveja.

4. Aflição pela prosperidade: é a tristeza sentida perante o sucesso e a felicidade do outro. Acontece quando o invejoso, incapaz de diminuir o sucesso do outro, passa a entristecer-se e angustiar-se com ele.

5. Ódio: é o resultado final da inveja. O invejoso, além de se afligir com o sucesso do outro e querer o seu fracasso, deseja também o seu sofrimento e destruição.

Em geral, a inveja tem origem na cobiça – um desejo descontrolado de possuir o que pertence ao outro. O invejoso não suporta conviver com alguém que tenha mais que ele. Justifica seus sentimentos com a crença de que não tem o que merece e fica sofrendo ao ver os bens do outro, por achar que deveriam ser seus, por direito.

No entanto, em certos casos, o invejoso nem sequer deseja o que o outro tem – o que ele quer, realmente, é que o outro não tenha. Esse sentimento é muito comum entre a ex e a atual, por estarem "próximas" de alguma forma (por meio do marido, dos amigos, das famílias ou dos filhos). Sobre isso, o filósofo grego Aristóteles esclareceu que a inveja se manifesta perante aquele que está próximo, não que está muito acima ou abaixo – da hierarquia ou círculo social, por exemplo.

A EX-MULHER INVEJOSA

Muitas vezes a ex-mulher faz de tudo para complicar a vida do ex-marido com a nova parceira, mas isso não significa que queira voltar a ter um relacionamento amoroso com ele. O que ela quer é que eles não sejam felizes e, principalmente, que ele seja muito infeliz. Esse sentimento pode ter na sua origem o ressentimento ou outras questões, mas na realidade aproxima-se muito da inveja. O pior são as consequências: alguém que se sente dessa forma sempre vai agir de maneira maldosa, com a intenção de atrapalhar a vida do novo casal, às vezes usando os próprios filhos e instigando-os a terem atitudes maliciosas. Pais dominados pela inveja ou outras emoções negativas esquecem que estão ensinando seus filhos a agir negativamente. E esses comportamentos aprendidos ficam arraigados: as crianças vão se tornar adultos achando que fazer mal ao outro é uma atitude válida em certas circunstâncias, quando, na realidade, nada justifica isso.

Em certas situações, a ex tem dificuldade em aceitar que o antigo parceiro tenha preferências ou atitudes diferentes das que tinha quando era casado com ela. O que a ex precisa entender é que, com o passar do tempo, as pessoas evoluem, amadurecem, conhecem outras realidades, modificam suas opiniões e gostos. Assim, o que era válido alguns anos antes deixou de sê-lo em um novo contexto.

Anabela não compreendia como o ex-marido mudara tanto e passou a invejar a atual parceira dele.

Anabela e João: invejando o que poderia ter sido seu

Anabela ficou grávida do seu primeiro filho quando ainda namorava João. Eles casaram e foram morar em um dos apartamentos do pai dele, nos arredores de Lisboa.

Ficaram juntos por dez anos e tiveram dois filhos com um ano de diferença.

Quando João a conheceu, Anabela era cheia de energia e força, sempre disposta a resolver problemas e a ajudar os outros. Por vezes, era até um pouco agressiva: única menina criada

entre meninos, aprendera a se defender desde cedo. Embora fossem muito diferentes, João estava apaixonado e achava que tudo seria superado. Acreditava que Anabela mudaria seu comportamento beligerante e perderia o péssimo hábito de criticar todo mundo.
Em conjunto, decidiram que ela não iria trabalhar e ficaria em casa com as crianças até elas terem idade para frequentar a escola. Caberia a Anabela a árdua tarefa de cuidar das crianças e da casa, porque não tinham empregada, como, aliás, era comum entre a maioria dos casais de classe média que mora nos países da Europa, onde uma empregada doméstica é muito cara. Nos primeiros anos, quando os filhos eram pequenos, João compreendia que ela não tivesse muito tempo, e, apesar de se incomodar com a casa bagunçada, as pilhas de louça por lavar e de roupa por passar, não dizia nada. No entanto, quando os meninos entraram na escola e Anabela decidiu que continuaria sem trabalhar, João pensou que ela iria limpar e arrumar a casa – sempre caótica e suja. Afinal, aquele havia sido o acordo inicial: João trabalharia fora e ela ficaria com as crianças. Mas isso não aconteceu. Em várias ocasiões, João fazia turnos de vinte e quatro horas, e, quando chegava em casa, exausto, tudo que queria era uma cama arrumada para dormir. E nem isso encontrava.
Para piorar, Anabela arrumou um buldogue e o mantinha na varanda do apartamento. A presença do cão só contribuiu para piorar o caos em que a casa já se encontrava.
Embora João tivesse se adaptado e ajudasse no que era possível quando não estava trabalhando, o casamento chegou ao fim.
Anabela decidiu manter-se em casa, sem trabalhar fora, e João continuou pagando todas as despesas do apartamento e da família. Mas Anabela estava inconformada com o divórcio e começou a usar os filhos para minar os relacionamentos de João. Durante os oito anos seguintes, o filho mais novo não deixava que ninguém se aproximasse do pai. Ele maltratava

e ameaçava as amigas ou namoradas do pai na sua ausência, mas na presença dele era doce e amoroso. Quando João conheceu Carla, uma mulher quinze anos mais jovem, que teve a coragem de enfrentar os filhos dele, foi como se lhe tivessem tirado uma venda dos olhos: João percebeu o comportamento dos filhos e como eram manipulados pela mãe. Durante anos, ele não entendia por que suas namoradas sumiam sem grandes explicações. Embora adorasse os filhos, João se sentiu desiludido ao descobrir como o mais novo agia. Após a separação, Anabela tentara reatar o casamento, e, como não conseguiu, passou a falar mal de João até para os amigos mais íntimos dele. Também agia maliciosamente contra ele, por meio dos filhos. Ela não queria que João fosse feliz, e fez de tudo para atrapalhar a vida dele. Quando João casou de novo, Anabela não compreendia como ele podia ser tão diferente com Carla. Os filhos contavam que ele ajudava a cuidar da casa e que tinha um apartamento maravilhoso, que estava sempre impecável e arrumado. Anabela ficou com ódio do novo casal: ela acreditava que João não tinha sido o marido amoroso que ela desejara, e que estava sendo com Carla. Quando Carla ficou grávida, os filhos dele deixaram de visitá-los, influenciados por Anabela. Ela dizia que o pai iria gostar muito mais do novo filho, e eles ficaram quase dois anos sem falar com João antes de se reaproximarem.

Uma das noções essenciais, e que é vital compreender, é a responsabilidade que cada um tem em relação às suas decisões e à sua forma de atuar. A vida sempre será um reflexo daquilo que fazemos e pensamos, do nosso modo de atuar e educar os filhos.

Anabela agia de maneira negativa, embora esperasse que sua vida fosse feliz. Ela nunca assumiu a responsabilidade que tinha sobre o seu destino e sempre culpou alguém: primeiro João e depois Carla. Quando João casou com Carla e se transformou no modelo de marido que Anabela havia desejado, sentiu inveja e ódio.

Por mais que Carla tivesse se esforçado para manter uma relação de proximidade entre os filhos de João e o novo irmão, isso se tornou inviável, porque eles cresceram guiados por uma série de conceitos deturpados e difíceis de mudar. A inveja que Anabela sentia não só destruiu o caráter dos filhos, ensinando-os a ser maliciosos, para impedir que João fosse feliz com outra pessoa, como ainda destruiu o relacionamento dos filhos com o pai e impossibilitou que ela tivesse uma relação amigável com João e Carla.

A ATUAL PARCEIRA INVEJOSA

A atual parceira também pode sentir inveja: dos filhos que o marido teve, da boa relação que ele mantém com a ex, do tratamento carinhoso que a família dispensa a ela, de sua beleza ou personalidade carismática, da sua posição social, com um bom emprego, ou até do lugar onde mora. Mas a questão mais importante é entender a razão para sentir inveja e tentar controlar esse sentimento, a fim de evitar um comportamento destrutivo em relação à ex, porque, na realidade, esse comportamento vai impactar mais na vida de quem sente inveja do que na do invejado.

Milena era uma mulher invejosa, que fez de tudo para ficar com o namorado da amiga.

Milena e Clarice: manipulando o futuro

Milena tinha um jeito peculiar de tratar as pessoas: ela era sempre muito simpática e conseguia tudo o que desejava manipulando os outros. Não era honesta nem direta, incapaz de assumir o que desejava.

Milena estava com 40 anos quando conheceu David, por meio de Clarice. Milena era divorciada e tinha um filho, que estava sendo criado pela avó, mas na época ela namorava um homem casado que lhe oferecia estabilidade financeira, pagando o aluguel e a maioria das suas contas.

David também era divorciado. Pai de três filhas adultas, era charmoso, ponderado e mais velho que Milena, que, por sua vez, era dez anos mais velha que Clarice.

David, embora não estivesse namorando Clarice, gostava muito dela, e eles eram muito amigos, até o momento em que Milena o conheceu. Ela começou por manipular Clarice, insinuando que ele era bem mais velho, e aconselhou a amiga a se afastar dele. Clarice, embora tivesse um grande afeto por David, se preocupava com a diferença de idade, principalmente porque ele havia dito, em certa ocasião, que teria que pensar muito bem sobre a possibilidade de ter outro filho – e Clarice gostaria de ser mãe.

Enquanto Clarice ponderava sobre a possibilidade de um envolvimento sério com David, como ele já lhe propusera, Milena aproveitou uma ocasião em que a amiga viajou e começou uma relação com ele. Quando Clarice voltou, os dois estavam namorando – Milena, no espaço de dez dias, havia trocado o namorado casado por David.

Clarice ficou magoada com a atitude de Milena. Continuou amiga de David, mas cortou relações com Milena depois de ela informar que pretendia casar com David, por ele representar a segurança financeira de que necessitava. Clarice mal podia acreditar no que estava ouvindo, e perguntara ingenuamente:

– E o amor?

– O amor virá – respondera Milena, antes de ameaçá-la. – E não adianta falar com David sobre isso: eu vou dizer que você está com ciúme da nossa relação.

Anos depois, num encontro casual com David, por quem continuou nutrindo muito carinho, Clarice descobriu a verdadeira razão para David ter desistido dela. Ele quis saber sobre o namoro dela com um jovem amigo, que aconteceu na mesma época em que David começou a namorar Milena.

– A Milena me disse que você estava namorando – revelou David.

Clarice compreendeu, subitamente, como Milena os havia manipulado – primeiro Clarice e depois David – para mantê-los afastados.

– Foi por isso que me afastei, porque queria que você fosse feliz – confessou David.

Clarice contou que nunca havia namorado o tal amigo. Sem querer, ambos descobriram o que Milena havia feito. Clarice agora tinha certeza de que Milena também era responsável pelo fim do seu relacionamento com as filhas de David, das quais havia sido próxima, mas nunca descobriu realmente o que aconteceu, nem o que Milena disse a elas.
David e Clarice continuaram amigos, mas nunca falam sobre Milena.

Milena invejava Clarice: queria ficar com David por causa de sua estabilidade financeira e status social, e manipulou a todos para conseguir o que desejava.

Clarice nunca contou a David o que Milena lhe disse quando decidira casar com ele. Deixou-os seguir suas vidas, enquanto ela mudou para outra cidade, onde casou, teve filhos e investiu em sua carreira.

A inveja sempre tem um preço alto e, no final, a vida arranja um jeito peculiar de fazer justiça. Mas o pior é o dano interior e o sofrimento causado nas pessoas invejosas.

PERDENDO A RACIONALIDADE

Ciúme, raiva ou inveja são sentimentos que têm a capacidade de ofuscar a razão. As pessoas deixam de ser capazes de agir de modo sensato e são dominadas pela emoção. E acabam tomando atitudes que tanto prejudicam os outros quanto a si próprias.

É sempre complicado lidar com essas emoções, porque não se pode simplesmente esquecê-las ou suprimi-las, pois elas não desaparecem dessa forma; podem ficar adormecidas por algum tempo, mas voltam. O melhor caminho é o autoconhecimento: é necessário que o indivíduo se conheça melhor e entenda as razões que o levam a se sentir de determinada maneira para aprender a lidar com as emoções. O que não pode é alimentar esses sentimentos, ou se negar a lidar com eles, porque a tendência será sempre a de eles se tornarem mais agudos e intensos com o passar do tempo.

Essa categoria de emoções transforma o interior das pessoas, tornando-as infelizes, egoístas e maldosas. Também inviabiliza a possibilidade de uma relação saudável ou civilizada entre ex e atual – ou quaisquer indivíduos. E mais: são emoções que dependem exclusivamente de você, e só você pode controlá-las ou superá-las.

1. A inveja é um sentimento condenável e também desprezível, que é facilmente reconhecido através de certos sinais: a) alegrar-se com a infelicidade do outro, ficar feliz com seus fracassos e insucessos; b) entristecer-se com a felicidade e o sucesso alheios; c) não suportar os elogios aos outros – se alguém é elogiado, o invejoso tenta depreciar a pessoa elogiada enfatizando os seus pontos negativos; d) difamar ou caluniar o outro, aberta ou veladamente.

2. Pessoas invejosas sempre acham que o que os outros possuem deveria pertencer a elas: elas se sentem injustiçadas perante os bens ou a felicidade dos outros.

3. A inveja gera muito sofrimento interior e conduz ao ódio. A inveja nunca gerou nada de bom ou positivo para ninguém, muito menos para o invejoso.

4. É fundamental assumir a responsabilidade pelo seu destino: a vida é resultado das escolhas e da atuação de cada pessoa.

5. A inveja consome muita energia. Não adianta invejar os outros – é essencial concentrar-se na sua vida para lutar pelo que deseja, em vez de olhar para o que os outros têm ou fazem.

6. A inveja atrasa o crescimento espiritual, financeiro e social, porque ao fazer mal aos outros você está criando um padrão de comportamento cujas consequências irão retornar para você. Além disso, está perdendo um tempo precioso que poderia usar de forma produtiva, investindo em sua própria vida.

6. SEPARAÇÃO: REAPRENDENDO A SE RELACIONAR

Onde acaba o amor têm início o poder, a violência e o terror.
Carl Gustav Jung

TIPOS DE RELACIONAMENTOS RESULTANTES DA SEPARAÇÃO

Até aqui falamos sobre abrir a mente para aceitar a ideia de que uma relação com a ex não tem de ser necessariamente ruim, como é convencionado pela sociedade. Abordamos a necessidade de aceitar o passado do seu companheiro, respeitando a presença de amigos e familiares na vida dele. Também vimos que o perdão é essencial para seguir adiante e começar ou manter qualquer relacionamento. Guardar ressentimento ou sentir inveja são atitudes que inviabilizam uma relação, o convívio entre as pessoas e a possibilidade de voltar a ser feliz.

Estes quatro passos iniciais – abrir a mente, aceitar o passado, perdoar e superar sentimentos negativos, como ressentimento e inveja – formam o início de uma marcha interior, que contribui para aprender a aceitar os outros com menos resistências e críticas. Mas, se um desses outros é a ex do seu companheiro, as resistências são naturalmente redobradas, por mais esforço e empenho que haja.

Não há fórmulas sobre a maneira de lidar com os ex-companheiros. O que funciona para uns não funciona para outros, porque as situações, emoções e personalidades são diferentes. Mas pode-se dizer que os relacionamentos são influenciados pela forma como se deu o divórcio, embora isso não seja determinante, visto que existem outros fatores. Porém, o divórcio gera alguns modelos de relacionamento que constituem situações de base – ainda que

rudimentares e pouco sofisticadas – para as relações futuras.
Grosso modo, existem três modelos de convívio decorrentes do divórcio e que afetam as relações posteriores:

1. **Distante:** após a separação, o casal opta por não conviver mais. Essa situação só é possível quando o casal não tem filhos.
2. **Harmonioso:** o casal mantém um relacionamento amigável, independente de ter filhos ou não.
3. **Agressivo:** o casal se separa e o relacionamento é agressivo. Em geral, são obrigados a conviver por causa dos filhos, e esse convívio contribui para aumentar os níveis de agressão.

RELACIONAMENTO DISTANTE

Há muitos casais que não convivem mais após a separação, ou porque não têm nada em comum, ou porque é doloroso, ou porque se detestam, ou por qualquer outro motivo. O certo é que não desejam isso nem têm necessidade – supondo-se que essa necessidade primordial do convívio advenha do fato de haver filhos. O que acontece é que, após a separação, cada um segue a sua vida, com ou sem raiva e rancor, predominando entre eles a falta de afeto, o silêncio e, talvez, alguma indiferença.

Salete e Jeferson: afastando-se silenciosamente

Salete e Jeferson tinham pouco menos de 25 anos de idade quando decidiram se casar.

Jeferson era piloto e sua rotina estava sujeita às escalas da companhia aérea. Por vezes folgava no meio da semana, outras vezes no fim de semana, mas passava vários dias longe de casa. Era uma profissão exigente, que começou a pressionar o casamento. Enquanto namoravam, Salete estava conformada com a rotina de Jeferson, mas depois de casar começou a se incomodar com as noites fora de casa e os dias de folga no meio da semana, quando ela estava trabalhando e não podia ficar com ele. Alguma coisa dentro dela mudou: Salete se tornou insegura e começou a desconfiar da rotina dele, das colegas dele, dos lugares para onde ele viajava enquanto ela estava fechada no trabalho ou em casa. Tudo lhe parecia suspeito e o pouco tempo que ficavam juntos era gasto com cobranças e perguntas.

Jeferson começou a temer os dias que tinha que passar em casa, enquanto ela se ressentia cada vez mais das ausências dele. O casamento se desgastou, e dois anos depois o casal se separou.

Salete, embora fosse infeliz, amava Jeferson de maneira quase doentia e não quis voltar a vê-lo. Jeferson também não quis manter contato, mas por um motivo diferente: percebeu que o seu amor por ela acabou e que eles haviam se tornado dois estranhos, pessoas totalmente diferentes. Salete deixou de ser a mulher por quem ele se apaixonou.

Após o divórcio, mudaram para cidades diferentes (Jeferson foi morar no exterior), casaram-se de novo e tiveram filhos, mas nunca mais voltaram a se comunicar.

O traço dominante desse tipo de relação é que, independente dos sentimentos que possam nutrir um pelo outro, ambos optam por seguir suas vidas sem estabelecer contatos posteriores. O fim da relação amorosa marca o fim do convívio. Esses casais defendem que o que acabou, acabou.

Nessas situações, quando acontece um novo relacionamento, já não há contato com a ex – ela está, automaticamente, excluída do cenário e do círculo de amigos do casal, como aconteceu com Jeferson e Salete.

Mesmo nas separações em que há ressentimento e raiva residuais, o casal não transforma isso em desejo de perseguir ou causar dano ao outro. Simplesmente deixam de conviver.

RELACIONAMENTO HARMONIOSO

Qualquer separação é dolorosa, até aquela em que as pessoas deixaram de se amar e restou apenas um agradável sentimento de companheirismo e apoio – são pessoas que partilharam suas vidas e percebem que o amor acabou, ou se transformou em uma boa amizade, e querem seguir caminhos diferentes. Mas o fim é sempre um evento que causa muita dor, gera conflitos, dúvidas e ajustes – parece que a vida virou de ponta-cabeça e é necessário reorganizá-la, buscar um novo eixo.

No momento crucial da separação acontece a catarse, e tudo o que estava guardado acaba se revelando da pior forma possível. Também há tendência para buscar um culpado, e o casal tenta desesperadamente localizar o momento ou o evento que precipitou o fim do casamento. O mais importante é compreender que um casamento não termina nem se desgasta unilateralmente. Os dois são responsáveis pelos caminhos que a relação tomou – os dois estavam lá e foram percebendo, ou ignorando, os pequenos sinais.

Um casamento não acaba de uma hora para outra – ele é fruto do tempo, do desgaste, das pressões do dia a dia, dos impactos da vida, das exigências da família e do trabalho. Um casamento é a união de duas pessoas que vão caminhando juntas e, em algum momento, por muitas razões diferentes, acabam se afastando. Mas também podem nunca se afastar e ficar juntas a vida toda, partilhando um amor cheio de cumplicidade.

O certo é que pode não haver culpados pelo fim do casamento – existem apenas os caminhos e as escolhas de todos os dias, e os dois são responsáveis por isso.

Às vezes um dos parceiros ainda ama o outro e acha que é possível continuar a vida em comum, o que contribui para a situação ficar um pouco mais difícil. Outras vezes, um deles confessa que se apaixonou, tornando o fim da relação inevitável, mas também mais doloroso. Há acusações e brigas, mas, principalmente, um sentimento de frustração e traição, que pode culminar em uma relação agressiva ou, mais tarde, após a tempestade, em uma relação harmoniosa. A opção pelo tipo de relacionamento posterior é dos dois, mas há sempre um processo até o casal restabelecer uma forma de comunicação.

Tereza e Maurício: convívio tardio

Tereza e Maurício casaram ao terminar a faculdade – ela cursou Jornalismo e ele Medicina. Formavam um casal bem-sucedido e feliz, até o dia em que Tereza percebeu que já não estava apaixonada por Maurício, cinco anos depois de casada. Porém, ele continuava muito apaixonado, e não entendia como ela deixara de amá-lo. Primeiro achou que aquilo era passageiro, e esperou pacientemente que ela desistisse da ideia da separação e voltasse ao normal. No entanto, com o passar do tempo, Tereza adquiriu uma firmeza crescente e se decidiu pelo divórcio.

Maurício ficou inconformado, e, ao perceber que o casamento chegara mesmo ao fim, após meses de negociação, sentiu-se esmagado pelo sofrimento. A perda de Tereza foi muito intensa, e quanto mais ele se esforçava para reconquistá-la, mais ela parecia fugir dele.

Algum tempo depois, descobriu que ela estava namorando, e só então teve a certeza de que tudo havia terminado. O longo processo o desgastou. Não sentia raiva dela, mas era doloroso ficar por perto, e decidiu se afastar até voltar a se equilibrar e reorganizar a sua vida.

Tereza se casou novamente e foi morar na Europa. Alguns anos depois, ela e seu marido receberam visitas inesperadas: Maurício e sua nova companheira. Ele estava feliz, não guardava ressentimentos em relação a Tereza, e aquela visita era uma forma de mostrar que estava tudo bem.

Embora nunca tenham ficado íntimos, até porque suas vidas eram muito diferentes, mantiveram um contato amigável e civilizado. No entanto, uma reviravolta do destino fez com que voltassem a morar na mesma cidade, quase trinta anos depois de terem se separado. Foi nessa época que o pai de Tereza ficou muito doente, e, após consultar vários médicos sem conseguir um diagnóstico correto, ela pediu que Maurício o visse. Foi ele que descobriu o que o pai dela tinha e passou a atendê-lo como paciente.

Quando a dor da separação diminui, fica mais fácil entender o que aconteceu e pensar sobre os rumos que ambos darão às suas vidas. É então que começa o processo de cura. Foi o que Maurício fez.

No princípio, quando é tudo muito recente, pode haver mágoa, alguma raiva provocada pela dor e dificuldade em descobrir como o casal irá conviver – não estão casados, mas precisam ou querem desenvolver outro tipo de relação. Há alguns tropeços, recaídas, choros, mas as pessoas definem, em algum momento, que desejam manter uma relação harmoniosa – independente de terem ou não filhos. Porém, casais com filhos têm obrigação de criar uma relação harmoniosa e devem colocar os interesses das crianças acima dos seus. Mesmo que seja difícil, têm que preservar a família dos seus ressentimentos e iras pessoais.

A CONSTRUÇÃO DE UMA RELAÇÃO HARMONIOSA

As relações harmoniosas não se constroem com rapidez, de um dia para o outro. Após a separação, o relacionamento passa por um processo lento e sofrido de reconstrução, com várias etapas, emoções e atitudes que devem ser evitadas.

Luto

O fim do casamento gera um estado de angústia e uma sensação de perda que precisam ser vividos. Não adianta separar-se ou divorciar-se e sair para os bares e boates, namorar o primeiro que aparece e viver loucamente – às vezes correndo o risco de cair no ridículo. A dor está dentro de você e vai aonde você for. Deve ser vivida em privado e não em público – ninguém precisa saber o que você está sentindo. Além disso, você não tem que provar nada para ninguém, mostrando que está superando a situação. Seja madura e passe pelas suas mágoas em privado. Antes de seguir adiante, precisa apaziguar o coração: chorar, tentar compreender o que aconteceu e falar sobre o assunto com amigos ou familiares muito próximos ou com um terapeuta – se for preciso.

Perdão

Se você estiver dominada pela raiva ou pelo rancor, comece por limpar seu coração e perdoe – não importa o que tenha acontecido, você precisa perdoar, porque é a única forma de continuar vivendo a sua vida e voltar a ser feliz. Não é o fim do casamento, uma mentira ou uma traição o pior que pode acontecer com você. O pior é o ressentimento e o rancor, porque a impedem de seguir adiante – e, nesse caso, o pior dos males chega por meio de suas próprias mãos.

Fofocas

Não escute fofocas – há gente que gosta de contar que viu o seu companheiro aqui e ali, fazendo isto ou aquilo, com este ou com aquele. As fofocas só servem para atrapalhar e complicar as situações. Nunca tome decisões com base no que alguém lhe disse, mesmo que esse alguém seja um amigo da sua confiança. Tenha certeza do que realmente aconteceu antes de tirar conclusões.

Se alguém vier fazer fofoca, diga simplesmente que não quer saber: não importa o que ele está fazendo, não importa a vida dos outros. O que importa é você se manter serena, para poder superar o fim da relação com dignidade e se fortalecer.

Tranquilidade

Quando se está com raiva ou magoado, o melhor é não reagir com a cabeça quente e deixar passar algum tempo. Tudo o que é feito em um momento de raiva ou mágoa termina, quase sempre, em vergonha ou arrependimento. Falar sem pensar, gritar, insultar ou fazer algum escândalo são exemplos de atitudes de que você vai se arrepender e se envergonhar. Essas atitudes expõem você e revelam falta de controle, além de não contribuírem para resolver os problemas. Evite também comentar a sua vida e mantenha uma postura calma e reservada: fale quando estiver tranquila e segura do que vai dizer, e apenas com seus amigos mais íntimos.

Respeito

É fundamental respeitar o outro, escutando as suas opiniões, conversando sobre o que concorda e discorda em vez de discutir e insultar. Jamais fale mal pelas costas – se tem algo a dizer, faça-o à pessoa em questão. Mesmo que não concorde com alguma coisa, você pode discordar de maneira educada, ressaltando a sua posição de forma racional. Uma separação em que impera o respeito permite que as pessoas se tornem amigas e se apoiem mais tarde.

Otimismo
Nos momentos difíceis é complicado acreditar que as coisas vão melhorar, mas sempre melhoram. Ter fé no futuro é acreditar que tudo vai dar certo, mas você precisa lembrar que é essencial fazer a sua parte. Não adianta esperar por um futuro feliz, cheio de amor, se você é uma pessoa pessimista, ressentida, amarga e passa o tempo escutando fofocas, criticando os outros e reclamando da vida. Futuros felizes se constroem com pensamentos e atitudes positivas.

Aprendizado
Existe um aprendizado em tudo o que acontece na vida. Reserve um tempo para pensar e descobrir quais foram os erros e os acertos de seu relacionamento. É preciso coragem para avaliar qualquer momento da vida com honestidade, mas isso vai evitar que cometa os mesmos erros no futuro e vai contribuir para torná-la mais sábia.

Responsabilidade
Independente do que ocorreu no casamento, os dois têm uma parcela de responsabilidade. Esse é o momento em que você deve deixar de responsabilizar os outros pelo que acontece de ruim na sua vida. Não é fácil assumir isso, mas é essencial compreender que os eventos da sua vida acontecem com a sua participação, com a sua anuência.

RELACIONAMENTO AGRESSIVO

Quando os sentimentos predominantes, no final do namoro ou do casamento, são ódio, ressentimento e desejo de vingança, só coisas ruins virão daí, e é certo que os filhos serão as principais vítimas da situação.

As causas para um mau relacionamento são inúmeras. Algumas

são involuntárias, como acontece com o fim do afeto; outras são provocadas por uma briga pelos bens ou pela custódia dos filhos, ou por uma atitude que o outro considera imperdoável – uma traição, o fato de ter se apaixonado por outra pessoa ou simplesmente não querer mais viver junto. Mas o essencial é entender que, ao iniciar uma briga, as pessoas optam deliberadamente por fazer mal uma à outra e enveredam por um caminho sem retorno.

Não há como desfazer a maldade feita ao outro e, quando se começa agindo assim, parece sempre necessário magoar um pouco mais, recorrendo à agressão crescente. Esse é um comportamento em que vão sendo ultrapassados os limites do bom senso – um pouco como acontece no filme *A guerra dos Roses*[1]. Ódio e violência geram mais ódio e violência: não há como estabelecer acordos ou diálogos com pessoas focadas na vingança e preocupadas em maximizar os danos provocados ao outro.

Muitos afirmam "ah, mas foi ele que começou..." ou "ela é que me traiu". Sim, alguém começou, mas logo em seguida o outro alimentou a relação com ódio e planos de vingança. Se a relação é ruim, nenhum pode acusar o outro, pois os dois contribuíram para que assim fosse.

No caso de Ilda e Valter, felizmente ela não alimentou o ódio dele.

Ilda e Valter: o ódio final

Quando Ilda se casou, Valter representava o príncipe dos seus sonhos: bonito, charmoso, comunicativo e apaixonado. Por vezes ela tinha dificuldade em aceitar que um homem como ele tivesse se casado com alguém como ela, discreta e não muito bonita. Enquanto Valter animava uma sala com piadas e charme, Ilda ficava em um canto, apreciando tudo em volta, quase invisível. Ela não lhe fazia sombra.

---

1. Filme de 1989, dirigido por Danny DeVito, com Michael Douglas, Kathleen Turner, Danny DeVito. O advogado D'Amato (Danny DeVito) tenta convencer um cliente a não iniciar uma ação de divórcio, recorrendo à história dos Roses (que surge em *flashback*). Oliver (Michael Douglas) é um advogado promissor que conhece a ginasta Barbara (Kathleen Turner). Eles se apaixonam, casam, têm dois filhos, enriquecem e vivem numa mansão em Washington. Porém, apesar do enorme sucesso profissional de Oliver, a vida do casal torna-se tediosa e insuportável. As brigas aumentam com o processo de divórcio até se transformarem numa guerra aberta, que culmina com a disputa pela magnífica casa do casal, que termina em destroços.

Tiveram dois filhos e viviam felizes. Ou pelo menos Ilda acreditava nisso, pois desde os tempos de namoro ela já tinha conhecimento dos rumores que circulavam sobre Valter e uma colega de trabalho. Mas Ilda não queria saber e pensava que o fato de Valter ter casado com ela significava que ele a amava.
Ilda era a esposa perfeita, e, após vinte anos de casados, continuava rejeitando aquilo que todos sabiam – que desde os tempos de solteiro Valter mantinha um caso com a colega de trabalho, que, entretanto, também se casou e teve dois filhos. Além dessa mulher, Valter tinha outros casos. Era um homem sem escrúpulos, que se tornou dono de uma empresa importante e contratava muitas de suas subordinadas depois de ter dormido com elas.
Ilda temia descobrir a verdade sobre Valter porque não sabia como lidar com isso. Sempre que alguém falava do marido ela o defendia, até o dia em que descobriu realmente que ele a traía e que um dos filhos da colega era, na realidade, filho dele.
Primeiro chorou e tentou desculpá-lo, depois começou a entender que ele a havia feito de tonta durante aqueles anos todos, com suas mentiras, viagens e amantes. Levou semanas para criar coragem e enfrentá-lo. Por fim, conseguiu falar com ele e pedir o divórcio. Valter tentou convencê-la de que estava tudo bem, e, como não conseguiu, revelou o lado sombrio de sua personalidade – um lado que Ilda nunca tinha visto. Ele a insultou, agrediu e prometeu que se o deixasse transformaria a vida dela num inferno.
Mas a mágoa que Ilda sentia era maior do que o medo das ameaças, então ela saiu de casa. Valter cumpriu sua promessa: fez o impossível para que ela ficasse sem nada – mas não conseguiu. Perseguiu-a, falou mal dela aos filhos e denegriu a imagem dela perante os amigos e conhecidos.
Ilda teve que se mudar para outra cidade em busca de paz. Os filhos decidiram acompanhá-la. Ela perdoou todo o mal que Valter lhe fez, mas ele sentia um ódio profundo e não conseguiu aceitar

que ela – justo ela, a mulher com quem casou – o tivesse deixado. Valter se sentia humilhado publicamente, na sua condição de homem poderoso, que tinha todas as mulheres que queria.

O ódio de Valter é tão intenso que ele nunca mais voltou a falar com Ilda, e o fato de ela ser uma mulher tranquila impediu que a separação culminasse em uma situação bem mais violenta. Ele passou a beber muito e mora sozinho. Tornou-se um homem cheio de ódio. Os filhos o visitam esporadicamente, mas o relacionamento com o pai é cada vez mais frio e distante.

Relações de ódio após a separação não resultam somente em agressividade. Por trás há sempre muito rancor e mágoa. Por vezes, as pessoas passam uma vida inteira remoendo mágoas e guardando ressentimentos, sem que isso traga qualquer benefício para elas ou para aqueles que amam. Mesmo assim, elas preferem guardar rancor em vez de perdoar, ignorando que é exatamente dessa forma que se prendem ao que querem esquecer, como aconteceu com Julia, cativa de seu ressentimento contra Greg por mais de quarenta anos.

Julia e Greg: traição imperdoável

Julia e Greg formavam um casal elegante, com uma vida confortável. Moravam em Moçambique, onde tiveram dois filhos. Quando se separaram, ao fim de doze anos de casamento, Mena, a filha mais velha, tinha dez anos, e Antônio, sete.

O motivo da separação foi o envolvimento de Greg com uma de suas empregadas. Julia descobriu a traição de forma dramática, ao encontrá-los juntos, quando foi visitar o marido, de surpresa, na fazenda que tinham a alguns quilômetros da cidade.

A traição destruiu Julia emocionalmente. Ela foi inundada pelo ódio, e por mais que Greg tentasse conversar e pedir perdão, Julia se manteve inabalável na decisão de não voltar a falar com ele. Pediu o divórcio, desafiando as convenções de sua família conservadora. Ela foi a primeira mulher divorciada da família, o que, na época, início dos anos 1970, era considerado um

comportamento inapropriado e socialmente inaceitável. Julia pagou um alto preço para se separar de Greg: os dois irmãos mais velhos passaram a ignorá-la e ela deixou de ser convidada para os eventos da família.
A partir do dia em que descobriu que Greg a traía, Julia nunca mais lhe dirigiu a palavra, e depois do divórcio – em que conseguiu ficar com a maioria dos bens do casal – nunca mais o viu. Como ela havia ficado com a custódia dos filhos, organizou um esquema para não se encontrar com o ex-marido: quando ele queria estar com os filhos, encontrava-os na casa de sua irmã, tia das crianças.
Poucos anos depois, o endurecimento da guerra colonial, que assolou vários países africanos, inclusive Moçambique – em sua busca pela independência de Portugal –, forçou a emigração massiva da maioria da população de ascendência portuguesa, como Julia e Greg.
Eles viajaram separadamente para Portugal e Julia manteve os filhos consigo.
Sempre que Julia falava de Greg, por alguma razão, o fazia de maneira depreciativa, com desprezo, indiferente à presença dos filhos.
Julia casou-se novamente, mas Greg não. Quarenta anos após o divórcio, ele adoeceu. Morava sozinho e sua saúde estava muito debilitada. Mena, a filha mais velha, levou-o para sua casa, em dezembro, na época do Natal. Julia costumava passar o Natal na casa da filha, porque Antônio, o filho mais novo, morava em outra cidade. Mas, nesse ano, a filha foi para a casa de Julia com a família e deixou o pai sozinho no Natal.
Greg e Julia nunca mais se viram nem se falaram – por desejo dela.

A vida não foi branda com Greg, mas também não foi com Julia: ela se casou com um homem que a ama, mas é neurótico e teimoso; sua filha mais velha é fria e calculista, preocupa-se com dinheiro e status, e casou com um homem ciumento, a quem ela trai de vez em quando; seu filho mais novo se casou várias vezes, sempre com mulheres controladoras, as quais traiu, e tem filhos de três dos casamentos. O tema da traição, que Julia tanto despreza, parece ter passado para a geração seguinte e, de alguma forma, ter contaminado seus filhos. Embora Julia afirme que é feliz, ela tem consciência de que isso não é verdade: sua vida é vazia e triste, os netos não a visitam e seus filhos não têm casamentos harmoniosos.

Os conflitos nunca se circunscrevem aos indivíduos que os geram, sempre se alastram e impactam outras pessoas. Por isso, quando alguém comete uma agressão e diz que isso é problema seu, está enganado: a sua atitude, mesmo que indiretamente, tem consequências sobre os outros, nem que seja sobre alguma criança que o está observando e um dia vai imitar aquele comportamento violento ou suas atitudes negativas.

1. Violência e agressividade são o pior caminho para terminar um relacionamento.

2. Se a relação é violenta, não esqueça que você também é responsável por ela: sua participação se dá ao alimentar o ciclo de agressões ou ao aceitar passivamente um tratamento desrespeitoso e insultuoso. Se você não consegue lidar com a situação, busque um mediador – um advogado para as questões legais ou um terapeuta para as questões emocionais. A agressividade só faz mal.

3. Guardar rancor e não perdoar são atitudes que conduzem à infelicidade e revelam que você ainda não aprendeu o que precisava com as suas experiências de vida.

4. Não veja o fim do seu casamento como algo negativo: se acabou é porque você precisa seguir em frente e viver outras experiências.

5. Mesmo que esteja muito magoada ou irritada, evite expor publicamente as suas emoções. Fale só depois que tiver se acalmado.

6. Não escute fofocas de ninguém: a fofoca é um dos piores venenos para qualquer relação. Falar mal da vida dos outros

é uma atitude que revela falta de educação, falta de elegância e pobreza de espírito.

7. Maus relacionamentos – agressivos ou violentos – não envolvem unicamente os participantes do conflito, mas extravasam e impactam a família e, por vezes, até os amigos. Evite que isso aconteça – além do sofrimento provocado, não ajuda a solucionar problema algum. Pelo contrário, só vai aumentar a área do conflito – todos os dias um pouco mais.

8. Preserve os seus filhos acima de tudo. Mesmo que ache o comportamento do pai (ou da mãe) horrível, as crianças não devem ser expostas a esse tipo de opinião por parte dos adultos. A imagem dos pais serve como modelo de comportamento e não deve ser destruída, porque afeta o futuro emocional das crianças.

7. CORAGEM: DESAFIANDO CONVENÇÕES

A coragem é a primeira das qualidades humanas, porque é a qualidade que garante as demais.
Winston Churchill

INDO ALÉM DAS CONVENÇÕES

Vimos anteriormente que a ruptura com as convenções sociais acontece com mais frequência de modo negativo do que positivo, em que o indivíduo age contra as regras e normas estabelecidas, por meio de ações agressivas, como é o caso dos atos criminosos.

Por vezes, no entanto, é necessário desafiar as convenções com novos comportamentos, contribuindo para mudar positivamente determinado aspecto da sociedade. Tudo o que contribui para melhorar o convívio é uma mudança para melhor. Porém, qualquer mudança é sempre rejeitada ou criticada no início, até que as pessoas se ajustem e compreendam o novo conceito. Já lembramos que foi assim com a aceitação do divórcio pela sociedade.

Nesse caso específico, a proposta para romper com uma convenção social é o desenvolvimento de uma relação civilizada e harmoniosa entre marido, sua ex e a atual companheira. Essa relação parte do pressuposto de que, se o convívio é obrigatório – independente do motivo que force as pessoas a se relacionarem –, o melhor é que se trate de um convívio saudável, para evitar aquela neurose constante de viver situações conflituosas, complicando a vida de todos.

Como em tudo na vida, o primeiro passo é sempre o mais difícil: estender a mão ou aceitar a mão de alguém em uma situação que irá colocar frente a frente ex e atual são gestos que exigem coragem. Não importa se o outro maltratou, insultou ou falou mal em alguma ocasião – esses são episódios que é preciso superar para seguir adiante. O que importa, no final, é limpar o coração de qualquer ressentimento e criar a possibilidade de um convívio sereno. Para começar uma relação equilibrada, é preciso cultivar alguns sentimentos.

- **Bondade**: não magoar nem desejar fazer mal ao outro. Por mais dolorosa que seja a situação, é preciso superar o desejo de vingança e o ressentimento.

- **Respeito:** ter como objetivo principal uma relação transparente e respeitosa, sem mentiras ou "armações". Essa é a base da confiança necessária para o convívio.

- **Humildade:** deixar o orgulho de lado para dialogar e encontrar pontos comuns, em vez de querer ter sempre razão, impondo a sua opinião ou ponto de vista.

- **Generosidade:** deixar o outro aparecer – ou brilhar –, dar espaço para que fale e exponha suas ideias: cada um tem seu lugar. Seja generoso com o outro; escute-o.

- **Coragem:** ter a coragem de se aproximar da outra pessoa ou aceitar o gesto de aproximação, ultrapassando reservas e preconceitos.

Uma das histórias mais interessantes que escutei a respeito de ruptura com as convenções sociais foi a de Marcelo e Diane, duas pessoas corajosas e providas de uma civilidade única e superior.

Marcelo e Diane: depois do amor, a harmonia

> Marcelo e Diane eram casados e tinham um filho de cinco anos, Carlos, a quem chamavam carinhosamente de Cacá. Perceberam que o casamento se transformara numa boa relação de amizade e decidiram se separar, mas a situação financeira

dos dois não permitia que cada um tivesse o seu apartamento. Conversaram bastante, concluíram que o casamento chegara ao fim, mas continuariam a dividir o apartamento. Parecia-lhes uma solução excelente, porque, além da questão financeira, Cacá não precisaria passar pelo estresse de ficar alguns dias na casa do pai e outros na casa da mãe.

Depois da decisão, passaram a tocar calmamente suas vidas e começaram a namorar outras pessoas. Dois anos após a separação, Diane ficou grávida e se mudou para a casa do namorado quase no final da gravidez. Durante esse período, reorganizou a casa do namorado e arrumou o quarto do bebê. Porém, ele não tinha o menor jeito para trabalhos manuais ou assuntos domésticos, e quem ajudou Diane foi Marcelo: montou o berço do bebê e arrumou praticamente todo o quarto.

O namorado de Diane não teve nenhum problema em se relacionar com o ex-marido dela: eram duas pessoas civilizadas que entendiam perfeitamente a situação e confiavam um no outro. Estava claro para ele que Diane dividia a casa com Marcelo por fatores econômicos, e, se o estava namorando, era porque já não amava o ex-marido.

Atualmente Cacá tem 17 anos, e Marcelo e Diane continuam se apoiando.

Há muitos casais que desejam se separar, mas não o fazem por questões financeiras. Encontram-se presos a uma situação que os obriga a viver juntos quando não desejam mais isso. O que acontece é que essa obrigatoriedade de manter um casamento falido faz com que a relação se deteriore gradativamente: as brigas se tornam mais frequentes e chega o momento em que o respeito acaba. Para evitar que algo assim aconteça, o melhor caminho é o diálogo, e, se as pessoas forem maduras e suficientemente evoluídas, poderão negociar uma situação similar à de Marcelo e Diane, antes que a amizade também se esfacele e não sobre mais nada. A opção por uma relação ruim não é de um dos parceiros, mas do casal – os dois determinam os rumos do relacionamento.

Não deixe que as convenções ou a opinião dos outros atrapalhe o caminho para a sua felicidade – desde que não precise magoar ninguém em suas buscas. Muitas vezes as pessoas criticam aquilo que não entendem, temem ou não têm coragem de fazer.

Nós – eu, Paulo e Delta – desafiamos as convenções constantemente e ignoramos sempre os comentários maliciosos e as ideias preconcebidas que existem a nosso respeito.

Delta: o nosso carro

Quando eu e o Paulo nos mudamos para São Paulo, decidimos morar no mesmo bairro em que a Delta e os pais dela viviam.

Essa decisão nos permitia ter uma rede de apoio, principalmente para o nosso filho. Várias vezes ele fica na casa da madrinha, ou dos pais dela, ou ela vai levá-lo e buscá-lo na escola.

Era frequente, nos dias do rodízio, Paulo e Delta trocarem de carro. Mas era mais frequente o Paulo pegar o carro para levar o nosso filho à escola.

Em uma ocasião, Paulo deixou o carro na oficina para revisão por dois dias e pediu o carro da Delta emprestado. Ela respondeu:
– Pode ficar com ele. Não vou precisar. Viu como é bom termos dois carros?

Quando ele chegou em casa e me contou, rimos muito dos "nossos carros".

Não há modelos de convívio certos ou errados. O modelo certo deve ser sempre aquele que faz as pessoas felizes, sem ferir os outros.

Não há fórmulas exatas para uma relação funcionar, qualquer que seja essa relação. O que funciona para uns pode não funcionar para outros. E, embora existam alguns princípios que ajudem a simplificar o convívio, o fundamental é cada um descobrir o seu próprio caminho, aquele que o faz sentir-se confortável e seguro.

INTUIÇÃO, A VOZ INTERIOR

Além dos bons sentimentos que devem ser cultivados, há mais um aspecto que precisa ser considerado nos relacionamentos: a intuição.

Todos têm uma voz interior que "avisa" sobre as situações e perigos do cotidiano. Alguns chamam isso de intuição, outros, de sexto sentido. O certo é que, cada vez mais, as pessoas entendem que existe dentro delas uma espécie de poder oculto que as alerta sobre os perigos da vida e o mau-caratismo dos outros. Embora seja difícil de conceituar, a intuição funciona como um sentido adicional que entra em ação em um nível mais profundo, quando os outros cinco sentidos (visão, audição, olfato, paladar e tato) não percebem o que está acontecendo. Trata-se de um insight, um pressentimento, uma forma de chegar à verdade sem recorrer à racionalidade. Normalmente, assinala situações que devem ser evitadas ou opções que devem ser feitas.

Quanto mais se escuta a intuição, mais clara e desenvolvida ela se torna. Eu decidi confiar na minha intuição quando desafiei as convenções sociais e não acatei os conselhos de meus amigos sobre a Delta, a ex-mulher do Paulo, então meu namorado.

Delta: seguindo minha intuição

No início do meu namoro com Paulo, ele falava naturalmente da Delta. Para ele isso era normal, pois foram casados durante muito tempo e continuavam trabalhando juntos na empresa que haviam fundado. Embora não tivessem filhos, era óbvio que, apesar de terem se separado, continuavam muito ligados. Ele contava casos do dia a dia, do que acontecia no escritório, querendo me fazer participar de sua vida, mas, cada vez que falava dela, eu sentia alguma dificuldade em entender que a relação deles era uma simples relação de amizade.

Eu não conhecia a Delta, o que contribuía para alimentar as minhas dúvidas e alguns fantasmas. Um dia, entrei no carro do Paulo e, por acaso, vi uma foto dela. Quase morri. Recordo-me desse episódio até hoje. Delta é muito fotogênica, e a foto estava linda. Fiquei destroçada: é óbvio que, como qualquer namorada, queria que a ex fosse horrível, gorda, mal-humorada e, de preferência, uma péssima pessoa. Mas a Delta era exatamente o oposto: charmosa, bem resolvida, moderna, com seu cabelo

curto e suas roupas elegantes, simpática, sorridente, gentil e muito generosa. A Delta era o pesadelo de qualquer namorada. Eu me senti insegura, e, quando comentei o assunto com alguns de meus amigos íntimos, só recebi avisos: "abra os olhos"; "você não está querendo enxergar o óbvio: ele ainda gosta dela"; "ele só está com você até voltar para ela, deixe-o". Eu até sentia que alguns deles me olhavam com um misto de pena e simpatia, como se eu fosse uma tonta que não queria ver a realidade. É verdade que, por vezes, as pessoas se negam a encarar situações que são claras para todos, menos para os envolvidos. Eu me perguntava se não estaria perante um caso assim – em que era a única que não enxergava. Se os meus amigos eram unânimes em suas opiniões sobre o assunto, então devia haver algum fundo de verdade em tudo aquilo, porque normalmente quem está do lado de fora parece ter uma visão melhor e mais racional. Por outro lado, eu me questionava: "Se ele está comigo é porque me ama. Com tanta mulher disponível, o que ele estaria fazendo comigo se não me amasse? E o que o impediria de se reconciliar com a Delta, se ambos quisessem?".
Resolvi arriscar e continuei namorando. Enchi-me de coragem e decidi que só ia escutar a minha intuição, embora não fosse fácil: em certos dias duvidava, vacilava; mas optei por confiar em Paulo, porque esse era o único caminho possível, se eu quisesse continuar aquele relacionamento.
Com o passar dos anos, percebi que havia tomado a decisão certa: casei-me com Paulo, temos um filho, e a Delta não só é minha amiga, como também é madrinha do meu filho.

Quem está do lado de fora tem realmente um olhar mais racional e analítico, que não é deturpado pelas emoções – mas só sabe o que está acontecendo quem vive a situação. E esse conhecimento, que chega através da emoção e da intuição, é mais profundo do que o conhecimento de todos os que estão de fora.

Às vezes, as pessoas descobrem algo quando parece tarde demais e se perguntam como não perceberam o que estava acontecendo. Na verdade perceberam, porque a intuição as avisou de que havia alguma coisa dissonante, mas por alguma razão decidiram ignorar. Sempre sabemos quando algo está errado em nossas vidas, bem antes do resto do mundo. A questão é que, por vezes, optamos por ignorar os sinais até que seja tarde e a situação se revele. Se a sua intuição assinala algo, fique atenta, mas tente se informar antes de tomar decisões. A intuição é um sinal, e, embora não deva ser ignorado, não constitui uma certeza. Por isso, questione e dialogue o máximo possível antes de tirar conclusões ou fazer julgamentos precipitados.

DERRUBANDO PRECONCEITOS

A maior parte de nossas barreiras e rejeições é alimentada por nossos preconceitos, antes mesmo de confrontarmos a realidade. É frequente alguém dizer "não gosto desta comida" ou "detesto aquela pessoa" quando, na verdade, nunca provou aquela comida e não conhece aquela pessoa. Essas opiniões se baseiam em preconceitos – ideias preconcebidas, sem fundamento racional.

O preconceito é uma generalização infundada, uma ideia errada que não passou pelo crivo da razão, e abrange quase tudo: religião, cultura, política, raça, orientação sexual etc. As principais consequências do preconceito são a discriminação, a violência e o domínio de um grupo, que se julga superior, sobre outro, considerado inferior.

Um dos exemplos mais dramáticos e vergonhosos da história recente da humanidade foi a Segunda Guerra Mundial. Adolf Hitler e seu partido nazista defendiam uma raça pura e perfeita – a raça ariana (indivíduos louros, de porte atlético e olhos claros), representada pelos alemães. Por isso, assassinaram barbaramente milhões de pessoas que não se encaixavam em seus padrões raciais: judeus, homossexuais, negros e todos os que possuíam algum tipo de problema físico ou intelectual. Esses eventos dramáticos foram o resultado do preconceito levado ao extremo.

O preconceito não é algo que acabou quando a escravatura foi abolida ou quando terminou a Segunda Guerra Mundial. Infelizmente ele continua vivo, e perpassa vários setores da sociedade, mora ao nosso lado e, por vezes, está dentro de nós – por mais que nos custe admitir. O preconceito está presente em coisas mínimas que nos fazem julgar e rejeitar os outros – porque não se encaixam no nosso modo de viver ou não veem o mundo do mesmo jeito que nós.

A tendência do ser humano é sempre rejeitar o diferente. E essa rejeição irracional se baseia em preconceitos, às vezes inconscientes, sobre a classe social, a cidade ou país onde alguém nasceu, a diferença de idade de um casal, enfim, uma série de detalhes que parecem não ter importância, mas que impossibilitam as pessoas de ver além do seu próprio mundo. O preconceito é uma crença cega, que nos impede de enxergar a realidade e de aprender novas coisas.

A grande questão, quando se conhece alguém ou se entra em contato com hábitos e culturas diferentes, é superar o preconceito. Isso não significa que você seja obrigado a concordar com tudo o que é diferente, mas, sim, que deve conhecer antes de aceitar ou rejeitar qualquer coisa, porque isso vai lhe permitir fazer escolhas racionais, e não escolhas desvirtuadas por falsas ideias.

Paula e Mila: uma amizade inesperada

Todo mundo havia avisado Paula de que Mila, a ex do seu marido, era difícil e temperamental. Mas, nas poucas vezes em que haviam se cruzado quando Paula ia buscar as duas filhas de Mila, ela era educada, embora mantivesse uma atitude distante e fria.

Mila era filha de mãe africana e pai francês, e a cor dourada de sua pele incomodava um pouco a família de Beto. Eles nunca haviam falado abertamente sobre o assunto, mas era óbvio que se sentiam desconfortáveis. E Paula desenvolveu uma teoria simples: achava que Mila reagia instintivamente a esse preconceito latente e camuflado que havia contra ela e, por vezes, suas reações defensivas a faziam parecer rude ou mal-educada.

Certo dia, Paula se encheu de coragem e desafiou as convenções: aproveitou uma ocasião em que Beto havia se atrasado no shopping com as crianças e convidou Mila para entrar e esperar por ele

enquanto tomavam um café. Ela hesitou, mas Paula insistiu:
– Eu sei que pode parecer uma situação estranha, mas acho que podemos conversar e tomar um café, como duas pessoas civilizadas, enquanto esperamos eles chegarem.
Mila concordou com um aceno de cabeça e entrou. Foram para a pequena cozinha, fizeram café e, uma hora depois, quando Beto chegou, achando que Mila estaria furiosa, encontrou as duas sentadas calmamente na sala falando sobre as crianças – que era o tema que as unia naquele momento inicial.
Com o tempo, Paula percebeu que sua teoria inicial estava correta: Mila era uma pessoa maravilhosa, que sofreu com o preconceito da família de Beto. Além disso, Paula se negou a aceitar a imagem preconcebida de que Mila era uma pessoa difícil, antes de conhecê-la.
Elas se tornaram amigas e sempre passeiam no parque com as crianças, principalmente depois que Paula teve um bebê com Beto.

Ultrapassar o preconceito exige certa dose de coragem – a mesma necessária para ir contra as convenções sociais e seguir a sua intuição, desafiando as opiniões dos outros.

Aproveite os desafios para se tornar mais espiritualizada e mais madura. Conheça e analise as situações antes de deixar que ideias preconcebidas guiem suas decisões ou limitem sua vida. O preconceito leva a atitudes vergonhosas. Insultar, maltratar, marginalizar ou agredir o outro com base na crença de que as suas próprias opiniões é que estão certas é algo terrível, que revela grande pobreza de espírito e uma tremenda falta de inteligência.

EXPECTATIVAS: ESPERANDO DEMAIS

Ao conhecer alguém de quem se ouviu falar, há sempre expectativas e ansiedade, dependendo do que essa pessoa representa para nós ou para aqueles que amamos.

A expectativa é fruto da fantasia e nasce do desejo de ver a realidade tal como se imagina, o que impede de avaliar a situação. E é do confronto entre imaginação e realidade que nasce a desilusão.

As expectativas não são racionais, mas meras suposições da nossa mente – é aquilo que gostaríamos que acontecesse.

A gestão de expectativas é um tema relevante e muito estudado no mundo corporativo, porque, em geral, quando as expectativas não correspondem à realidade e os comportamentos esperados não acontecem, surgem tensões, conflitos, frustrações e decepções. As pessoas se desapontam com frequência, não porque os indivíduos que conhecem ou as situações com que se deparam sejam ruins, mas porque as suas expectativas são demasiado elevadas. É por isso que esse tema é tão importante nas empresas. Gerir as expectativas, fazendo com que as pessoas se adaptem à realidade, é um ponto--chave para a garantia do sucesso e para a diminuição dos conflitos e tensões.

No entanto, gerenciar expectativas não é apenas relevante na vida corporativa, mas também na vida privada. Muitos afirmam, assim que acabam de conhecer alguém: "Achava que ele era mais bonito, ou mais simpático, ou menos isto ou aquilo". Acontece que essas pessoas fantasiam uma imagem e a projetam para o exterior, antes de conhecer a realidade. Essa atitude gera um gap – uma distância – entre o imaginário e o real, que dá lugar à frustração e à decepção. Isso não significa, necessariamente, que tudo é mau, mas apenas que as suas expectativas estavam desajustadas, isto é, estavam muito além dos padrões da realidade.

Grandes expectativas levam a grandes decepções e sofrimentos, especialmente quando o que se espera não depende de você, mas dos outros. Por exemplo, se tem expectativa de ser convidada para ir a uma festa ou de ser promovida pelo seu chefe, lembre-se de que está lidando com atitudes que dependem de outras pessoas.

É importante aprender a gerir as expectativas, introduzindo a razão para mediar a fantasia gerada pela mente e a realidade. Quando não se espera nada, tudo é surpreendente, e isso, além de gerar menos angústia, também permite avaliar as situações de forma mais realista.

Vivian: a mulher imaginária

Mary e Nelson se conheceram em uma festa: ambos eram divorciados, bem-sucedidos e estavam na faixa dos quarenta. Mary não tinha filhos. Nelson tinha duas meninas, uma de cinco e outra de sete anos.

Começaram a namorar, mas desde o início Mary percebeu que Nelson admirava muito a ex-mulher, Vivian. Ela era uma ótima mãe que abdicou da vida profissional para acompanhar e educar as filhas. Era boa cozinheira e mantinha a casa impecável e bem organizada. Andava sempre bem vestida e arrumada. Do jeito que Nelson falava, Vivian parecia uma daquelas mulheres perfeitas, dedicadas, felizes e capazes de fazer tudo em casa.

No início da relação, ele era mais comedido e, quando elogiava Vivian, também arranjava um jeito de elogiar Mary. Mas, após quatro meses de namoro, ele falava cada vez mais de Vivian, e ainda não tinha apresentado Mary às filhas.

Mary estava apaixonada, mas a situação começou a incomodá-la: Vivian era uma sombra na sua vida. No início achou maravilhoso que Nelson admirasse a ex-mulher e que tivesse um bom relacionamento com ela, mas com o tempo passou a detestá-la. O pior era Nelson falar de um jeito que sempre parecia que Vivian era melhor do que Mary em tudo.

Mary ficou insegura e mudou seu comportamento. Gostava de cozinhar, mas Nelson só falava da comida de Vivian, então ela deixou de fazê-lo. Gostava de usar jeans, mas Nelson sempre elogiava a roupa elegante de Vivian, então Mary passou a usar peças mais formais.

Quando percebeu, estava se comparando com uma mulher que não conhecia e se deixando influenciar pelo que Nelson dizia sobre ela. Entendeu que seu relacionamento estava indo pelo caminho errado. Decidiu ter uma longa conversa com ele. Descobriu que Vivian é que havia terminado o casamento e já tinha se casado de novo.

Mary compreendeu que Nelson não superara o fato de Vivian ter terminado o casamento e idealizou a mulher perfeita – uma mulher com a qual Mary passou a competir para se aproximar do ideal de Nelson. Também entendeu que detestou Vivian sem razão – ela nem sequer sabia o que estava acontecendo. Nelson tinha expectativas de que Mary se transformasse na pessoa que ele imaginava. Mary viveu seu relacionamento com a expectativa de se aproximar do modelo de mulher fantasiado por Nelson, a perfeita Vivian. Nenhum dos dois conseguiu lidar com as expectativas que tinham e Mary terminou o relacionamento.

Muitas de nossas expectativas se baseiam em ideias preconcebidas ou em conversas com os outros. Embora possa ter em consideração o que algum amigo lhe contou, tente analisar tudo, sem prejulgamentos, para criar a sua própria opinião, e lembre-se: as relações entre as pessoas são sempre diferentes. Alguém pode ser detestável para o seu amigo, mas maravilhoso para você. A dinâmica das relações é criada por cada par ou grupo de indivíduos. Não se deixe contaminar pelas opiniões dos outros antes de conhecer alguém ou vivenciar certa situação, e você poderá se surpreender positivamente.

As expectativas sempre dimensionam algo que está além da realidade.

1. Se optar por uma relação saudável com a ex do seu marido, mesmo que seus amigos ou familiares critiquem você, pense que está seguindo um rumo melhor e espiritualmente mais elevado, que vai facilitar a sua vida.

2. Tenha coragem para se aproximar da ex, se necessário. Não se deixe dominar pelo orgulho, porque se trata de uma emoção que só serve para atrapalhar as relações.

3. Escute conselhos, mas confie em você. Às vezes, não é porque os seus amigos a amam que eles estão corretos: só sabe realmente o que está acontecendo quem está vivendo a situação.

4. A intuição é uma poderosa arma que permite apreender a realidade de forma diferente do que o fazem os sentidos e pode ajudar a guiar suas decisões. Quanto mais cultivar a sua intuição, mais forte ela se tornará.

5. O preconceito é uma atitude negativa e limita o seu aprendizado. Conheça a realidade em vez de se apegar às ideias preconcebidas.

6. Criar expectativas muito altas é um comportamento arriscado que leva ao desapontamento e à frustração, em especial se elas dependerem das atitudes dos outros. Tente ajustar as expectativas à realidade, recorrendo à racionalidade em vez de alimentar o que você desejaria que acontecesse.

7. Quatro pontos ajudarão você a encarar qualquer desafio:
a) adquira suas próprias opiniões por meio da experiência;
b) supere seus preconceitos e busque o conhecimento antes de julgar os outros;
c) confie na sua intuição, mesmo que ela desafie convenções sociais e conselhos de amigos;
d) enfrente o cotidiano sem alimentar expectativas muito elevadas.

8. A SOMBRA DA EX: BÊNÇÃO OU MALDIÇÃO

Frequentemente não conseguimos aceitar os outros porque, no fundo, não nos aceitamos a nós mesmos. Quem não estiver em paz consigo mesmo estará necessariamente em guerra com os outros. A falta de aceitação de si mesmo cria uma tensão interior, uma insatisfação, uma frustração que muitas vezes fazemos incidir nos outros, tornando-os bodes expiatórios dos nossos conflitos interiores.
Jacques Philippe

PRESENÇA DA EX: UMA IMPOSIÇÃO

A existência da ex assombra os novos relacionamentos. Por vezes, parece uma espécie de fantasma, pairando ameaçadoramente sobre os lugares. Quando há filhos, essa sombra é ainda maior, e se faz onipresente através das crianças, como se elas fossem, de alguma forma, uma extensão da presença da mãe (ou do pai). Mas, se não há como evitar esse convívio, o melhor é optar pela civilidade. Não é preciso haver uma relação de amizade, porém é fundamental que seja criado um padrão de harmonia e respeito, em que impere a educação.

Pessoas educadas funcionam em um patamar mais elevado de comunicação, que lhes permite conviver com tranquilidade, mesmo quando as situações são muito difíceis. As atitudes do grito, da discussão, da fofoca, da falta de respeito – enfim, da "baixaria" – são muito degradantes e, além de agravarem os conflitos, revelam o pior das pessoas.

A educação é a base do convívio – tanto na esfera pessoal quanto na profissional. Por vezes, a vida complicada não permitiu que todos tivessem acesso a uma educação melhor. Mas, mesmo que os pais ou familiares não tenham podido proporcionar a educação dos sonhos, as pessoas devem se esforçar para aprender e crescer. A responsabilidade por não ter uma boa educação pode ser atribuída às suas origens difíceis ou humildes, mas a responsabilidade por, depois, não buscar o conhecimento, é inteiramente sua.

O relacionamento com a ex pode ser desejado ou imposto – por uma série de fatores.

O primeiro caso é muito raro: é difícil encontrar uma mulher que queira relacionar-se com a ex do marido. Por que iria querer tal coisa? Se pensar racionalmente, verá que os argumentos contra uma relação com a ex pesam muito mais do que os favoráveis. Sobre isso não parece haver dúvidas. As pessoas desejam seguir em frente e evitam se cruzar com quem fez parte do passado afetivo do marido. Então, a maioria, se puder optar, nem quer ouvir falar da ex – quanto mais manter uma relação com ela! Essa ideia é, para alguns, tão bizarra que nem sequer querem abordar o tema. (Mas recordemos que o primeiro passo – mencionado no início do livro – é exatamente sobre a necessidade de abrir a mente e se predispor a aceitar novas ideias, para que se possa evoluir e amadurecer.)

Por tudo isso, pode dizer-se que a relação entre ex e atual não é voluntária e é quase sempre imposta por fatores ou necessidades externas: porque o marido se separou e optou por continuar amigo da ex-mulher, porque têm negócios juntos, porque há filhos envolvidos ou alguma outra situação peculiar. Em qualquer dos casos a ex está presente na vida do seu marido (ou namorado) e você sempre pensa nela muito mais como uma maldição do que como uma bênção. Porém, essa percepção vai depender do convívio que irão desenvolver – e ambas, junto com o marido, terão responsabilidades nesse relacionamento.

O maior problema entre essas duas mulheres surge quando a nova companheira não quer que haja um relacionamento com a ex, mas o marido (ou namorado) insiste em manter uma relação de amizade com ela – embora não haja filhos ou negócios envolvidos. É inevitável que a primeira ideia a surgir, talvez um pouco irracional, por estar sendo filtrada por uma boa dose de ciúme, seja a de que ele ainda gosta dela, ou ela dele. É difícil ir além dessa imagem preconcebida e tentar ver outras possibilidades, como, por exemplo, a de que eles possam ser mesmo amigos e nada mais que isso.

É necessário que a atual se esforce para entender as razões pelas quais o companheiro mantém um relacionamento com a ex, e que o casal busque um ponto de equilíbrio entre suas opiniões divergentes: o desejo de ele continuar amigo da ex e o fato de a atual não querer.

Ninguém deve impor uma opinião ao outro, e o novo casal precisa negociar o grau de sociabilidade que quer manter com a ex. Porém, o companheiro também não deve abandonar suas amizades – mesmo com a ex – só porque está em um novo relacionamento e sua atual companheira sente algum tipo de incômodo, dúvida ou ciúme.

Por vezes, a atual é um pouco radical e deseja que o companheiro rompa com a ex e, também, com o círculo de amigos que divide com ela. Pode acontecer que, no auge da paixão, o companheiro ceda e, durante um tempo, esqueça os amigos que cultivou com a ex, os familiares dela, enfim, uma vida inteira. Mas essa escolha terá um preço, porque ninguém deve abdicar de quem gosta para salvaguardar uma nova relação.

Débora: eliminando a ex

Quando Débora conheceu Levi, ele estava separado havia uma década. Ele não tinha filhos, e, embora não mantivesse um contato regular com a ex-mulher, eles continuavam amigos e tinham vários amigos em comum.

O relacionamento entre Levi e Débora ficou sério e eles se casaram. Levi já sabia que Débora era ciumenta, mas não imaginou que depois do casamento ela se tornaria tão controladora.

Foi uma surpresa perceber que ela queria destruir as fotografias do seu primeiro casamento. Muitas eram com amigos dos tempos de faculdade – eles haviam estudado juntos. Levi pegou as fotografias que conseguiu salvar e levou-as para a casa da mãe para evitar que Débora as destruísse. O comportamento controlador dela não ficou por aí: esse foi apenas o primeiro passo. Débora começou a pressionar Levi para que deixasse de conviver com os amigos em comum com a ex-mulher. E se esforçou por destruir tudo o que tivesse a ver com ela. Ao fim de alguns anos, Levi tinha poucos amigos e estava focado na sua profissão de médico. A ex-mulher tornou-se sua paciente, mas ele jamais comentou isso com Débora, porque sabia que ela não ia aceitar, e aquilo criaria mais uma crise no seu casamento. Para evitar conflitos com Débora, com quem teve dois filhos, Levi omitia a maior parte do que acontecia em sua vida. Foi sua estratégia de sobrevivência.

Um relacionamento deve adicionar e não subtrair, agregar e não desagregar. Um relacionamento deve tornar as pessoas mais completas, mais felizes, e não colocá-las perante dilemas do gênero "ou eu ou eles". Algo que começa assim começa mal.

Com frequência a atual companheira pede ao marido ou namorado que se afaste da ex, e, se ele diz que não, imediatamente ela sente que ele está preferindo a ex. E transforma aquele desejo em uma pequena guerra, para ver quem consegue impor sua vontade. Esse é o pior dos caminhos: quando se transforma alguma questão em um ponto de honra, para ver quem vence, já não se está na esfera do amor, mas do poder. O amor é a negociação, e o poder, a imposição.

Para o relacionamento dar certo, ambos devem conversar sobre os argumentos que sustentam suas opiniões sobre conviver ou não com a ex ou com o grupo de amigos da ex – e devem se esforçar por achar um compromisso que seja confortável para os dois. Esse tipo de negociação deve acontecer antes do casamento, para evitar que o marido só descubra tarde demais que, afinal, a esposa não quer que ele conviva com os amigos nem com a ex, como aconteceu com Levi.

Caso contrário, ele se sentirá enganado – como se a noiva tivesse esperado acontecer o casamento para revelar o que realmente pensa.

Se existem situações a serem negociadas, o casal deve conversar a respeito antes de casar ou decidir viver juntos.

RESPONSABILIDADES

Só há dois tipos de relacionamento com a ex: o bom e o mau. Não há relacionamento mais ou menos, porque, se for assim, é porque na realidade já é mau, e significa que há momentos de tensão e estresse. Quando isso acontece, é como se uma porta se mantivesse entreaberta e, a qualquer instante, uma coisa ruim pudesse invadir a sua vida – uma coisa que pode ser insignificante, mas que vai causar um estrago enorme no convívio entre as pessoas.

Quando um relacionamento é ruim, há tendência para querer responsabilizar alguém, mas essa atitude não é válida, porque todos os participantes são responsáveis. Isso é algo que precisa ser totalmente compreendido e assimilado.

Uma situação corriqueira pode se transformar no gatilho de um conflito. Alguém diz: "Não fui eu que comecei, eu fui lá cumprimentar e ela é que me tratou mal". Pode ser, mas ela começou e você deu continuidade a uma atitude ruim, que vai levar à discussão, à agressão ou à falta de respeito.

Não importa o que a ex, o marido ou a atual fizeram, o mais importante é como cada um vai reagir: se permitirá ou não que as atitudes ruins o atinjam; se valorizará as coisas negativas; se aceitará as provocações ou se as ignorará, mostrando educação e superioridade moral; se irá brigar em vez de conversar.

Eis uma pequena parábola (cujo autor desconheço) que exemplifica isso de maneira muito simples.

O lixo dos outros

Duas irmãs estavam conversando sobre uma pessoa que assediava – e insultava – a mais nova. A mais velha pegou um papel e o amassou, fazendo uma pequena bola, e disse:

— *Imagine que esta bola de papel é um pedaço de lixo.*
E, sem que a irmã mais nova esperasse, atirou nela a bola de papel. Imaginando que se tratava de lixo, como a irmã sugeriu, ela se desviou e o papel caiu no chão. A mais velha comentou:
— *Com os insultos acontece o mesmo: você não precisa retê-los. Eles são o lixo de outras pessoas.*

O que quer que alguém faça para irritar ou gerar discussões e brigas, deve ser perdoado ou ignorado – não deixe que seu orgulho atrapalhe e faça você reagir de forma impensada. Muita gente pensa que, se não revidar, estará mostrando fraqueza, mas é exatamente o contrário: é muito mais difícil não revidar do que reagir. Pessoas calmas, que não aceitam provocações, são muito mais fortes do que as que saem brigando e provocando a troco de nada. Gente que briga por coisas insignificantes, que insulta e maltrata os outros, revela grosseria e falta de autocontrole.

O que deve ser sempre evitado, em qualquer circunstância, são as atitudes mesquinhas, porque elas revelam o pior lado – o lado medíocre – das pessoas. E o que são atitudes mesquinhas? São aquelas em que se fala mal dos outros, em que se aproveita qualquer oportunidade para provocar, em que se age com o objetivo de irritar ou ferir alguém.

MOMENTO INICIAL – "FACE A FACE"

Ao iniciar um relacionamento, já vimos que o primeiro desafio está ligado ao passado, e o segundo, ao círculo de amigos e familiares – incluindo a ex. Mas existe também a gestão de expectativas: é preciso não esperar demais.

No princípio da relação, as pessoas estão se conhecendo e há bastante espaço para interpretações errôneas de atitudes e palavras. O ideal é que se evitem discussões ou acusações enquanto não se tiver certeza do que está acontecendo. Se houver dúvidas, o melhor é conversar ou aguardar, até as coisas se revelarem por si mesmas.

O início de um relacionamento é complexo, mas, quando se trata de conhecer a ex do seu companheiro, tudo parece ter um peso adicional – há mais receios e ansiedades. Todos devem lembrar que é uma situação inusitada: se você está nervosa, ela também está, assim como o seu parceiro. Se não é fácil para você conhecer a ex – principalmente se eles têm filhos –, para ela também não é fácil conhecer a nova namorada do seu antigo companheiro, mesmo tendo apenas uma simples amizade com ele. E, no meio das duas, está o marido ou namorado, e talvez a situação dele seja a pior de todas: ele não pode cometer o menor deslize, senão as duas o liquidam. O melhor é que ele se mantenha neutro, sereno, e deixe espaço para que elas liderem a situação.

Nesse primeiro encontro, todos devem tentar agir naturalmente e com muita calma. Esse é o momento em que, se alguém cometer alguma gafe, tudo deve ser diplomaticamente ignorado – e esquecido –, porque todos estão ansiosos. A melhor maneira de quebrar o gelo é através do humor: dar leveza à situação, fazendo alguma piada suave, e lembrando que não se deve ferir ninguém.

É totalmente proibido que o marido faça piadas com a ex ou mostre a cumplicidade que tem com ela (e que é natural, após o tempo de vivência em comum). As protagonistas deverão ser as duas mulheres e o marido deve ser o mais discreto possível, fazendo o papel de mediador e pacificador.

Delta: o primeiro encontro

Eu namorava o Paulo havia pouco mais de um ano, quando finalmente conheci a Delta. Eles eram muito amigos. A separação foi de comum acordo e ambos foram muito civilizados durante todo o processo. Dividiram os bens por meio do afeto: cada um ficou com o que mais gostava e, se quisessem o mesmo objeto, um cedia naturalmente ao outro. Não houve ressentimentos, apenas diálogos tranquilos e a continuação da grande amizade em que o amor se transformou.

Eu não compreendia bem aquela relação. Custou-me aceitar que, após o divórcio, Paulo e Delta pudessem continuar tão

próximos. Mas sabia que, se quisesse continuar namorando Paulo, precisaria entender aquela relação – porque parecia muito importante para ele. Além disso, o círculo de amigos do Paulo era o mesmo da Delta. Ela parecia um fantasma, pairando na minha vida.
Certo dia, um amigo ia comemorar seu aniversário e convidou-nos, ao Paulo e a mim. Paulo comentou que a Delta também estaria na festa. Senti um baque no estômago e fiquei indecisa: queria conhecer a Delta, mas, ao mesmo tempo, temia aquele momento. Fiquei dividida entre a curiosidade e o temor, mas me enchi de coragem e fui com o Paulo ao aniversário.
Assim que cheguei, com o coração apertado, as mãos geladas e o estômago em frangalhos, Delta veio me receber com um abraço carinhoso. E eu percebi que tudo ia dar certo. Após o constrangimento inicial, fui envolvida pela alegria e pela simpatia dela.
Paulo não interferiu no encontro, mas se manteve vigilante: na verdade, ele não fazia a mínima ideia do que poderia acontecer. Ele acreditava que nós nos amaríamos ou nos odiaríamos. Mas relaxou quando nos sentamos, uma em frente da outra, e começamos a conversar.

Depois que comecei a conviver com a Delta, entendi que os meus temores e as minhas dúvidas eram infundados, e me senti até um pouco ridícula por ter duvidado do Paulo algumas vezes, antes de entender a relação dele com a Delta.

A nossa amizade foi crescendo aos poucos, em um processo lento, que levou anos. Lidar com a ex leva tempo, requer paciência, confiança, maturidade e civilidade. Mas também requer elevação espiritual: é preciso que todos os envolvidos sejam pessoas de bem, sem o menor desejo de fazer mal aos outros, sem segundas intenções e com o objetivo de tornar suas vidas mais ricas e felizes.

PEQUENOS PASSOS: LIMITES, TEMPO E EDUCAÇÃO

Qualquer relacionamento tem seu próprio tempo de gestação e maturação. Amor ou amizade não acontecem em um instante – precisam ser cultivados, exatamente como acontece com as plantas: com cuidados, vagar e afeto, sem excessos.

Numa relação entre ex, atual e marido, às vezes existem mágoas por alguma situação que aconteceu. Por isso é tão importante que, durante todo o processo de separação e início de uma nova relação, todos ajam com o máximo cuidado, para evitar magoar o outro.

Mas, se houver mágoas, todos devem entender que, além de tempo para que cicatrizem, também é necessário que sejam gentis e educados, para curar as feridas, em vez de torná-las mais vivas. Ninguém pode adivinhar o que o outro está sentindo, e não deve cair na armadilha de que sabe o que está acontecendo – por vezes as pessoas parecem felizes porque não gostam de revelar seu sofrimento e querem se resguardar. Há que se respeitar os tempos e os sentimentos, dando espaço ao outro e, principalmente, sendo educada.

Durante esse processo de conhecimento, há vários pontos importantes que precisam ser trabalhados.

Limites

Um casal que se divorcia precisa rever os limites e aprender a respeitá-los, porque aquilo que foi normal durante anos deixa de ser. Esse é um dos difíceis aprendizados da separação: agora cada um tem a sua privacidade, o seu espaço e a sua vida. No momento em que a ex e a nova companheira começam a se relacionar, os limites de atuação do casal já deverão estar bem definidos. Mas a atual deve estar ciente de que existe uma relação anterior – eles partilharam anos de vida ou têm filhos juntos, e isso tem que ser respeitado.

A atuação da nova parceira deve ser sempre apaziguadora e não geradora de novos conflitos. É importante que não se intrometa na educação dos filhos (especialmente no início) nem tente impor novas regras que vão contra a vontade de algum dos pais. Às vezes, poderá sugerir algo, mas só depois de ter criado um bom relacionamento com a ex – o que pode levar algum tempo, talvez até anos.

Nem a ex nem a atual devem forçar uma intimidade no início do relacionamento: essas situações são melindrosas, delicadas e é necessário tempo para que as duas se conheçam melhor. Pode até acontecer que nunca fiquem íntimas e tenham apenas uma relação civilizada – o que já é excelente.

No entanto, algumas pessoas, assim que conhecem alguém, têm o péssimo hábito de achar que já são íntimas e acabam se tornando intrusivas, abusando dos limites. A intimidade é algo que se desenvolve com os amigos muito queridos e o companheiro – não é algo que acontece com alguém que você acabou de conhecer. O fato de ambas estarem ligadas por meio de um relacionamento com o mesmo homem não as torna amigas, muito menos íntimas.

Respeitem suas vidas, evitando comentar aspectos privados e fazer sugestões sem que uma opinião seja pedida.

É muito difícil lidar com gente espaçosa, que não tem noção do que pode e não pode: fala e opina demais; entra na casa dos outros sem a menor cerimônia, e já vai tomando conta do espaço e comentando a decoração; conta suas intimidades sem qualquer pudor; e acha que só porque conhece alguém já é amiga e isso lhe dá o direito de falar, sugerir e opinar sobre a vida do outro sem a menor educação.

Pessoas intrusivas sempre têm dificuldades nas relações sociais. Esse tipo de atitude certamente irá dificultar o convívio entre ex e atual, porque a falta de respeito pelos limites costuma ser um dos maiores problemas entre as mulheres na posição de ex e de companheira.

A ex precisa lembrar que seu casamento acabou e o ex-marido está ligado a outra pessoa, portanto, não deve comentar nenhum aspecto da vida dele. A atual precisa lembrar que o seu marido foi casado com a ex e que eles têm um passado em comum, certamente com ótimos momentos (parece óbvio que ninguém casa com outra pessoa se não estiver amando), e precisa aceitar e respeitar isso – faz parte da vida dele.

Tempo

Ninguém deve tentar apressar o ritmo da vida: todos precisam de tempo para superar suas mágoas, perdoar, recomeçar, fazer novos amigos e, também, para desenvolver um relacionamento com a ex.

Mesmo que simpatizem imediatamente uma com a outra, devem ter calma, porque a situação nem sempre é fácil de gerir. Relações apressadas, nascidas de simpatias instantâneas, podem ser precipitadas, e, como as pessoas não se conhecem bem, é mais fácil abrir espaço para mal-entendidos e atritos.

Às vezes um conflito entre ex-marido e ex-mulher impacta muita gente, por isso, distância, delicadeza e paciência são essenciais para que os relacionamentos evoluam com serenidade.

Imagine que a fase inicial da relação seja semelhante à travessia de um lago congelado, coberto apenas por uma fina camada de gelo: qualquer passo em falso ou menos delicado pode estalar o gelo e fazer com que todos se precipitem nas águas frias e mortais. Só o passar do tempo pode fazer desaparecer o gelo (com a chegada da primavera) ou torná-lo mais sólido e resistente (com a chegada do inverno).

Educação

Já comentamos que tratar os outros educadamente é a melhor maneira de garantir um relacionamento equilibrado, sem agressões ou grosserias. É muito ruim ter que lidar com gente que precisa ter sempre a última palavra, que é rude no trato – reage mal a qualquer coisa ou discute por nada –, que não respeita os limites e vive falando mal dos outros. Se uma das pessoas envolvidas for mal-educada, a possibilidade de uma relação civilizada já está ameaçada. Portanto, é crucial que todos sejam educados ou se esforcem para isso.

Se você for obrigada a se relacionar com gente mal-educada (a ex ou a nova parceira), mantenha um padrão elevado: jamais entre em uma discussão com alguém assim, mesmo que tenha razão, porque não vale a pena o esforço – rapidamente você entenderá que essas pessoas não têm maturidade e, às vezes, também sofrem de falta de equilíbrio. Limite-se a diálogos mínimos, usando expressões de praxe (bom dia, boa tarde, obrigado, por favor, com licença, tchau), e evite dar espaço, porque só assim manterá uma relação educada, livre de conflitos.

1. A melhor forma de lidar com a angústia provocada pela presença da ex ou de parentes e amigos dela é enfrentando a situação e tentando conviver com as pessoas de forma civilizada. Não é fácil, mas é certamente um caminho de crescimento, no qual todos devem revelar o melhor de si e se superar.

2. Não se desentenda com ele por causa da ex. Em vez de brigar, aprenda a lidar com seus medos e inseguranças. Não valorize situações que não são importantes para o seu relacionamento. Concentre-se no que é fundamental para vocês dois. Aproveite essa oportunidade para crescer e se desprender de atitudes mesquinhas.

3. Se tiver dúvidas, converse com seu companheiro antes de acusá-lo ou brigar com ele. Na maior parte das situações, você perceberá que tudo tem uma explicação muito simples.

4. Não se deixe guiar pelas aparências e evite escutar opiniões de gente preconceituosa ou mal-intencionada, que não aceita mudanças ou situações novas. Lembre-se de que algumas pessoas têm dificuldade em entender como certos casais separados podem – e devem – ter um bom relacionamento (por vezes até melhor do que quando eram casados).

5. Todos os participantes em uma relação são responsáveis: se ela é ruim, todos são igualmente culpados.

6. Respeito e limites são vitais em qualquer relação: imponha-os e evite perdê-los.

7. Ser educada eleva imediatamente qualquer convívio para um patamar superior.

8. Não permita que as atitudes dos outros determinem o seu comportamento: aja sempre com calma e pondere tudo o que diz, sem se deixar guiar pela impulsividade.

9. GERINDO CONFLITOS

Uma ira desmedida acaba em loucura; por isso, evita a ira, para conservares não apenas o domínio de ti mesmo, mas também a tua própria saúde.
Sêneca

CAMINHOS PARA GERIR CONFLITOS
Existem três formas de lidar com os conflitos:
1. Deixar que aconteçam;
2. Criar estratégias para resolvê-los;
3. Antecipar-se a eles, evitando as situações que podem provocá-los.

Algumas pessoas gostam de provocar conflitos, inclusive até preferem que eles aconteçam, porque acham que é a melhor maneira de resolver as situações, permitindo que todos discutam suas posições. No entanto, um conflito leva, com frequência, à ruptura das relações, porque conduz a situações-limite, que geram mágoas e ressentimentos. Quando as pessoas estão irritadas e se encontram numa posição difícil, sempre acabam dizendo coisas que mais tarde percebem que não deveriam ter dito. Nesses momentos, de raiva ou desespero, é fácil ultrapassar a tênue barreira que existe entre a honestidade e a falta de respeito.

O mesmo assunto pode ser abordado de maneiras diferentes. Você pode falar calmamente sobre algo que aconteceu e lhe causou desagrado ou mágoa, e isso significa que está sendo honesta, mas está, também, respeitando e dialogando com a outra pessoa. Ou você pode discutir o assunto usando um tom acusatório e agressivo. Nesse caso, os limites do respeito estão sendo ultrapassados porque você está acusando, ou insultando, e não está abrindo espaço para dialogar e para que o outro possa se explicar.

Em ambas as situações, você está falando sobre o que sente, mas a maneira escolhida para revelar seus sentimentos faz toda a diferença: na primeira situação, você dialoga e impõe respeito; na segunda, você discute e avança limites. O respeito é uma linha que não pode ser ultrapassada, e significa a capacidade para dialogar – escutar e falar, sem insultar nem acusar. O respeito não se impõe com gritos, mas com atitudes: se você quer ser respeitada, primeiro terá que respeitar e delinear claramente as fronteiras para os seus relacionamentos.

Por isso, o melhor é tentar resolver ou contornar as situações antes que se transformem em conflitos, porque essa atitude garante que o respeito e o bom senso sejam preservados.

COMPORTAMENTOS PARA EVITAR CONFLITOS

A base de uma relação bem-sucedida é o respeito mútuo. Se isso falhar, falha tudo. E basta perder o respeito uma única vez para tudo ruir, como um castelo de cartas. Tendo essa concepção em mente, é importante que todos se esforcem por respeitar uns aos outros, mesmo diante da estranheza e, por vezes, do constrangimento, nos encontros iniciais com a ex.

Filomena e Elsa: uma relação paralela

> Filomena e Jônatas se casaram totalmente apaixonados, e, um ano depois, Lucas nasceu. Não foi algo que tivessem planejado, mas o bebê foi muito desejado e amado desde o momento em que ela descobriu que estava grávida.
> Quando Lucas fez dois anos, eles decidiram se separar. A relação tinha se deteriorado muito e eles não conseguiam conversar um com o outro sem brigar. Estavam cheios de ressentimentos e raiva e o divórcio não foi fácil. No entanto, apesar da relação

difícil, eles sempre tentaram preservar Lucas. Muitas vezes, era a mãe de Filomena que mediava a relação entre os dois, ficando com Lucas para evitar que eles se encontrassem quando Jônatas ia buscar o menino, nos fins de semana.

Algum tempo depois, Jônatas apaixonou-se por Elsa, uma professora da escola que o filho frequentava. A situação causou alguma tensão: quando Filomena ia buscar o filho na escola, havia sempre alguma piadinha de mau gosto ou alguém disposto a fazer uma fofoca maldosa sobre a forma como Elsa tratava Lucas. Filomena não sabia se o que diziam tinha algum fundo de verdade, e começou a falar com o filho, então com três anos, até se tranquilizar e ter a certeza de que Elsa era amorosa com ele.

O relacionamento entre elas era frio e educado: Filomena sempre tratou Elsa polidamente e esta manteve uma postura amistosa, embora distante.

Elsa se casou com Jônatas e começou a investir em uma relação com Filomena: telefonava sempre que havia algo que pudesse provocar alguma tensão – avisava se Lucas tinha caído e machucara o joelho, ou justificava que não enviara a roupa porque não estava passada, enfim, comunicava todos os detalhes. Elsa também percebeu que sempre que Jônatas e Filomena conversavam para combinar alguma coisa sobre Lucas, acabavam discutindo. Sutilmente, ela começou a telefonar para combinar os fins de semana que Lucas ia passar com eles.

Elsa e Jônatas tiveram dois meninos, e Filomena percebeu que ela tratava Lucas com o mesmo afeto com que tratava os seus próprios filhos. Filomena criou o hábito de lhe dar todas as roupas e brinquedos que Lucas já não usava.

Lucas está com quinze anos, e Filomena casou de novo e tem uma filha. O seu atual marido se dá bem com o ex-marido dela, e Filomena resolve todas as questões relativas a Lucas diretamente com Elsa, porque ela continua brigando com Jônatas sempre que tentam conversar. Filomena diz que Elsa é a mulher perfeita para Jônatas, porque tem a capacidade de *acalmá-lo, coisa que ela nunca conseguia fazer. Embora tenham se tornado muito próximas, jamais falaram sobre as suas intimidades. O convívio é carinhoso, sempre escutam a opinião uma da outra sobre as crianças e respeitam o espaço uma da outra.*

Com a história de Filomena e Elsa, compreende-se que respeitar é uma atitude que se desdobra em várias outras, porque implica uma linha de comportamento muito mais abrangente.

Provocações: deve-se evitar qualquer tipo de provocação. Piadas de mau gosto, frases com duplo sentido, indiretas e referências a situações privadas ou constrangedoras que possam ter acontecido com qualquer um dos casais – o anterior e o atual – são atitudes que causam mágoa ou irritação e dão início a um convívio tenso.

Transparência: o relacionamento entre todos deve ser transparente, sem segundas intenções. A relação entre ex-marido e ex-mulher deve estar completamente equacionada. Por vezes, os casais tendem a ficar nostálgicos quando recordam os bons momentos que viveram juntos, mas isso não significa nada além de memórias. O casal deve separar bem a linha tênue existente entre a nostalgia e a carga emocional de suas recordações.

É essencial que o relacionamento entre o marido, a nova parceira e a ex-companheira se paute pela clareza, sem cumplicidades de dois deles contra um terceiro.

Passado: é essencial limitar as referências sobre o passado – essa fase deve ser silenciada para dar lugar ao futuro e evitar constrangimentos. A ex não deve evocar o passado, dizendo, por exemplo: "Ah, mas quando éramos casados você fazia isso ou aquilo..." ou "Lembra-se daquela viagem que fizemos...".

É possível, no entanto, se a ex menciona algum fato do passado, perceber bem se aquilo foi dito espontaneamente ou com o propósito de provocar. Uma atitude elegante, em que o passado é evitado, é sempre bem-vinda e representa um grande passo para melhorar o convívio.

Intimidade: a atual companheira não deve falar da sua intimidade com o marido ou namorado. Apesar de o relacionamento dele com a ex já não existir, é constrangedor mencionar momentos e situações íntimas que você vive no seu casamento, sejam eles positivos ou negativos. A nova companheira não precisa comentar se está feliz por alguma razão privada, ou se está triste porque brigou.

A intimidade do casamento não deve ser comentada com ninguém, muito menos com a ex-mulher. Aliás, falar da própria intimidade é sempre uma atitude muito deselegante.

Privacidade: nunca é bom querer saber da privacidade do casal atual ou do que rompeu. Esse assunto é tabu – é proibido e não deve ser comentado. Ex e atual não devem, em circunstância alguma, por mais amigas que se tornem, comentar seus casamentos e expor o marido. Além de ser um gesto de extremo mau gosto, falar sobre questões privadas sempre gera embaraço e situações desagradáveis.

Também não pergunte ao seu marido como era o relacionamento íntimo com a ex – isso pertence ao passado e não lhe diz respeito.

Não falar mal uns dos outros: se alguém ficou incomodado, aborrecido ou magoado e tem algo a dizer, faça-o pessoalmente e em particular, usando um tom de voz baixo, sem acusar nem insultar.

Não fale da ex para o seu marido, porque isso faz com que a sua relação contamine a relação deles. A ex também não deve falar da atual, evitando adicionar elementos de estresse à relação do casal.

Manter a calma: se alguém a insultar ou provocar, em um momento de tensão, não responda na mesma hora. Dê uma lição de civilidade: não retruque nem participe da discussão, e retome a conversa somente quando estiverem todos serenos, talvez um ou dois dias depois. Não importa o que os outros façam com você – o importante é como você reage às situações. Por mais irritada que esteja com algum comentário ou atitude, evite responder com a cabeça quente. Espere até se acalmar e ser capaz de conversar com tranquilidade – isso fará com que você estabeleça um padrão de relacionamento diferente, conquistando o respeito dos outros.

Valorizar apenas o que é importante: muitas discussões acontecem por razões pouco importantes e só servem para atrapalhar o convívio. Por vezes as pessoas se prendem a alguns detalhes e começam uma briga. Por exemplo, se a ex se esqueceu de colocar o pijama da criança na mochila, converse com ela; se o pai chegou atrasado para buscar o menino, fale com ele. Brigar nunca vale a pena, mesmo quando o que está em jogo é algo importante. Opte sempre pelo diálogo e imponha-se com doçura e firmeza, e não com baixarias ou agressividade.

Não inverter as prioridades: existem alguns fatos importantes e outros irrelevantes. Estabeleça muito bem as suas prioridades, definindo aquilo de que você não pode abdicar, por ser essencial, e aquilo que é insignificante e não deve interferir na sua vida. Não esqueça que o mais importante na vida é ser feliz, manter relacionamentos saudáveis e civilizados com os outros e garantir a segurança, o afeto e o equilíbrio dos seus filhos. Para isso, você terá que ignorar algumas situações irritantes, provocações ou mesquinharias do dia a dia, para focar o que é realmente vital – o bem-estar e a alegria.

Existe mais um ponto, que já abordamos, mas vou relembrar rapidamente, por se tratar de uma atitude essencial para evitar conflitos:

Respeitar limites: mesmo que a relação tenha se tornado excelente, é fundamental manter restrições sobre o convívio, em que todos respeitem os espaços e opiniões. Por exemplo, é importante não aparecer na casa do outro sem telefonar e jamais fazer uma visita sem avisar. Não existe isso de "estava passando aqui por perto e resolvi aparecer".

COMPORTAMENTOS PARA CONTORNAR CONFLITOS

Embora se tente evitar ao máximo os atritos, às vezes as pessoas estão em um dia mais sensível, alguma coisa acontece e a discussão estala. A diferença entre aquilo que é uma situação passageira e um problema depende, muitas vezes, da abordagem. Uma questão qualquer pode se transformar em conflito por meio de uma atitude, uma reação negativa ou pelo fato de se valorizar algo que, em outras circunstâncias, não teria a menor importância.

A tranquilidade, o humor e o diálogo formam o tripé que permite resolver qualquer conflito. Há alguns anos aconteceu comigo uma situação engraçada, que prova que o humor é realmente uma arma muito poderosa.

Os pratos novos

Um dia, próximo do Natal, naquela época de loucura e estresse, eu e Paulo estávamos andando pela rua, quando encontramos Delta e sua mãe, dona Delza. Depois dos cumprimentos habituais, Delta perguntou aonde íamos. Eu respondi que íamos comprar um jogo de pratos novos. Delta, cheia de energia, prontamente respondeu:
– Pratos novos pra quê? Os seus estão ótimos.

Percebi que dona Delza apertou discretamente o braço dela, para evitar que falasse mais, mas Delta fez de conta que não entendeu e continuou me olhando e esperando pela resposta ao seu comentário. Paulo se manteve silencioso, de pé, ao meu lado, e eu tentei terminar a conversa:
– Não, os pratos que uso no dia a dia estão um pouco lascados. Quero substituí-los.
– Estão ótimos – insistiu ela, com firmeza, sacudindo ligeiramente a mão no ar, com jeito de quem já resolveu o assunto. – Não precisa gastar com isso agora.

Dona Delza continuava apertando o braço dela, mas o sinal para Delta ficar quieta não surtia o menor efeito. Eu podia ter me calado e comprado os pratos sem falar nada, mas o Natal seria na nossa casa, como já era hábito, e Delta iria vê-los de qualquer jeito. Então achei melhor responder de novo.

Nunca, desde que eu estava casada, Delta ou qualquer pessoa da sua família fez a mínima alusão ao casamento dela com Paulo. Aquela era uma época sem nome, e que todos, delicadamente,

evitavam mencionar – desde sua mãe até o primo mais distante. Nas festas e encontros familiares, quando alguém precisava falar de uma viagem ou evento daquela época, era sempre de forma vaga e educada, para não expor nem magoar ninguém – a mim, suponho. Era algo do gênero: "Aquela viagem lá na Europa, lembra, Delta?", e todo mundo sabia que "aquela viagem" era do tempo em que Paulo e Delta eram casados. Ninguém sabia que nome dar "àquele" tempo, nem como falar dele. Pois, naquele dia fatídico, às vésperas do Natal, quando eu "lutava" pelo meu direito de comprar uns pratos novos, consegui, finalmente, depois de oito anos de casada, a palavra certa para "aquele tempo". Olhei para a Delta e disse, com muita calma:
– Os pratos que eu tenho vieram junto com o marido. São da...
– hesitei, procurando a palavra, até que ela surgiu espontânea e clara dentro de mim – primeira administração.
Ela parou por um segundo, me olhando, surpresa com o novo vocabulário. E, de repente, todo mundo começou a rir. A partir daquele dia a "primeira administração" passou a ser o termo oficial para falar do casamento deles. E mais: recebi "autorização" para comprar os pratos novos, que acabaram sendo usados na ceia, porque os primos da Delta também vieram passar o Natal na minha casa.

Essa situação poderia ter causado alguma tensão, se eu tivesse ficado irritada ou achasse que a Delta estava invadindo a minha vida. Realmente a atitude dela podia ter sido confundida com certa intrusão ou desejo de mandar na minha casa. Mas eu entendi, com o tempo, que é o jeito dela de nos proteger – a mim e ao Paulo. É a forma de expressar sua preocupação, não querendo que façamos gastos supérfluos. Aprendi a lidar com isso, incorporando esse conhecimento sobre a Delta ao meu cotidiano, e percebi que a melhor forma de resolver é com humor.

Dar leveza a situações potencialmente tensas é uma maneira de contornar os problemas ou as situações delicadas. As pessoas bem-

-humoradas, em vez de potencializar os conflitos, procurando um jeito de arrumar discussão, fazem exatamente o oposto, buscando soluções e evitando respostas ásperas.

O que deve ser evitado, em qualquer caso, é discutir, gritar ou ofender o outro. Isso se aplica a qualquer relacionamento. A ofensa e a agressividade rompem as barreiras do respeito e, sem respeito, não há relação. Tente resolver tudo com tranquilidade – sempre espere a irritação passar antes de responder.

E quando tiver dúvidas, opte pelo diálogo. Converse com calma, sem acusações, sem prejulgamentos. Não queira resolver tudo em um dia – lembre-se de que é necessário tempo para as situações amadurecerem.

1. Ex e atual não devem falar sobre as respectivas intimidades ou sobre o que está acontecendo em sua vida privada. Além de ser uma atitude grosseira e deselegante, expõe o marido (ou namorado).

2. Não queira saber detalhes sobre o relacionamento íntimo do seu marido (ou namorado) nas relações anteriores. Isso pertence ao passado dele e não lhe diz respeito.

3. O humor é a chave para superar qualquer situação – especialmente as mais difíceis e tensas. Não esqueça que uma atitude bem-humorada é muito diferente de uma piada de mau gosto.

4. Evite conflitos e discussões e conquiste o respeito das pessoas, mostrando racionalidade, tranquilidade e firmeza em seus julgamentos. Com o tempo, observe que os outros agirão da mesma forma.

5. Defina as suas prioridades e valorize apenas aquilo que é importante: não se perca em detalhes insignificantes que não agregam nada à sua vida.

6. O diálogo é a melhor maneira de resolver problemas ou sanar dúvidas: em vez de acusar, agredir ou mandar indiretas, opte por uma conversa madura, honesta e transparente.

10. POMOS DA DISCÓRDIA

Amar não é aceitar tudo. Aliás, onde tudo é aceito, desconfio que há falta de amor.

Vladimir Maiakóvski

SITUAÇÕES QUE CAUSAM DESCONFORTO

Há um número razoável de situações que sempre geram problemas entre os casais, mesmo quando há muita boa vontade por parte dos envolvidos.

Às vezes, trata-se de um lapso. Por exemplo, ele troca o nome da companheira pelo da ex, o que gera um problema enorme.

Embora muitas das reações sejam desproporcionais à importância do evento que as causou, elas são certamente proporcionais ao incômodo e desconforto que a pessoa sentiu.

FALANDO SOBRE A EX: UM ERRO COMUM

Alguns homens acreditam que falar da ex ajuda a apaziguar as dúvidas e inseguranças que a sua atual companheira possa ter. Eles explicam que sentem apenas um carinho fraternal e que nada restou da antiga relação: a ex tornou-se uma boa companheira, alguém com quem se sentem confortáveis para conversar e sair para tomar um café sem outras intenções, porque a questão da atração e do desejo já foi resolvida.

O antigo casal não se sente mais atraído e nenhum deles pretende reatar o relacionamento amoroso. Mas ambos dividiram suas vidas por um período e, após a separação, ficaram bons amigos. Às vezes, o convívio após a separação é muito melhor do que foi durante o casamento: os problemas de casal não existem mais; acabou a angústia e a mágoa do fim da relação; desenvolveu-se um companheirismo e uma compreensão própria de pessoas que se conhecem bem e se respeitam como bons amigos.

Porém, homens e mulheres pensam de modo muito diferente sobre a forma de falar a respeito da ex.

Versão masculina

O homem acredita que está tranquilizando a companheira ao falar da ex, para provar que não está escondendo nada e que existe entre eles uma relação normal, de amizade. Conta casos e situações engraçadas e fala da maneira como tudo terminou e se transformou em companheirismo.

Quando ex-marido e ex-mulher mantêm uma relação amistosa, isso significa, em geral, que a separação aconteceu sem que um tentasse magoar ou prejudicar o outro. E, embora houvesse sofrimento, predominou o respeito. Relações que terminam assim passam para outro estágio de convívio: termina o casamento e começa a amizade.

Versão feminina

A mulher vê tudo por um prisma diferente. Quanto mais o homem fala sobre a ex, mais ela acredita que ele está falando porque ainda nutre algum tipo de sentimento amoroso pela ex, e não para apaziguá-la. É difícil entender como ele pode ser apenas amigo da ex, porque está convencionado que as relações são péssimas após o divórcio. Embora esse ainda seja um comportamento cultivado pela maioria, está diminuindo: quanto mais educadas e maduras forem as pessoas, maiores as chances de terem um bom relacionamento.

Aceitar que há uma amizade ou um carinho verdadeiro entre o marido e a ex é uma ideia dolorosa. E quanto mais o marido falar sobre a ex para tranquilizar a atual parceira, mais insegura ela fica: o efeito é exatamente o oposto.

Carlos pensava que falando de Marta, a sua ex-mulher, apaziguaria Vera, mas a reação dela foi inversa à que ele esperava.

Vera e Marta: testando limites

Carlos teve um relacionamento durante quatro anos com Vera, uma mulher alta e muito bonita. Vera foi casada duas vezes e tinha filhos do primeiro relacionamento. Carlos se casou uma única vez e não tinha filhos. Quando conheceu Vera, se apaixonaram e viveram uma relação intensa durante os primeiros dois anos, mas desde o início Carlos percebeu que Vera era muito ciumenta e desconfiada.

Como Carlos era próximo da sua ex-mulher, Marta, com quem foi casado por doze anos, tentou tranquilizar Vera, falando da companheira anterior, da forma civilizada com que haviam se separado e da grande amizade que mantinham.

Com o tempo, Carlos percebeu que as muitas cobranças e desconfianças de Vera estavam pressionando a relação. Ele nunca sabia o que dizer ou fazer quando saía com ela para lugares públicos, porque qualquer atitude dele poderia gerar ciúme e mal-entendido. E isso era ainda pior em relação a Marta.

Carlos deixou até de ir às festas e aos lugares que Marta frequentava. Os amigos comuns, para evitar constrangimentos, ora convidavam Marta, ora Carlos, que aparecia acompanhado de Vera. Mas, mesmo assim, Vera mantinha uma vigilância frenética: controlava o Facebook e até o mais inocente dos comentários gerava discussão. Se Carlos postava alguma coisa e Marta comentava, isso já era suficiente para Vera criar caso.

Carlos estava apaixonado por Vera, mas, por mais que lhe dissesse que gostava de Marta apenas como amiga, ela não acreditava e estava certa de que ainda havia algo entre eles.

Marta tinha sobrinhos no interior e Carlos gostava deles. Depois da separação, continuou enviando presentes e visitando as crianças. Como eles viviam com alguma dificuldade, Carlos sempre contribuía para pagar o supermercado ou a conta de luz e do gás.

Dois anos depois de ter começado a namorar Vera, alguns dias antes do Natal, ele resolveu visitar as crianças. Marta também queria vê-los. Carlos contou a situação a Vera, e ela propôs que fossem juntos. A compreensão repentina de Vera foi um choque para Carlos, por ser o oposto do seu habitual comportamento possessivo. Ele perguntou várias vezes se ela não se importava mesmo que fossem juntos: como a viagem era longa, iriam no sábado e voltariam no domingo. Vera garantiu que não se importava, e Carlos, então, viajou com Marta.

Quando voltou de viagem, Carlos sentiu-se mais apaixonado por Vera – a atitude dela fez com que ele a admirasse mais. Infelizmente, teve um novo choque: Vera estava inconformada e furiosa por causa de sua viagem com a ex-mulher. Ele não compreendeu o que estava acontecendo e quis saber por que ela aprovara o plano, quando na realidade havia abominado a ideia. Embora Vera não tivesse explicado claramente as razões para as suas atitudes tão incoerentes, insinuou que era um teste: ela sugeriu que Carlos fosse, mas esperava que ele rejeitasse a ideia. Aquele comportamento era totalmente incompreensível para ele, embora fosse muito lógico para Vera.

Mas o pior não foi o fato de Vera testar Carlos. Foi a sua atitude a partir daquele momento: ela nunca mais parou de falar no assunto e passou a infernizar Carlos, contribuindo para o desgaste da relação.

Algumas pessoas têm o hábito de "testar os outros" para avaliar como eles se comportam, mas esse tipo de atitude quase sempre cria problemas: é preciso estar ciente de que ninguém adivinha o que ocorre na mente do outro.

Os homens costumam ser mais diretos em suas opiniões e atitudes, enquanto as mulheres recorrem com mais frequência aos subterfúgios. Por exemplo, a situação de Vera e Carlos revela a diferença de raciocínio entre alguns homens e mulheres:

a) Vera acreditava que Carlos e Marta eram mais do que amigos e decidiu testar Carlos.

b) Vera queria que Carlos agisse de determinada maneira (não viajasse com Marta), mas sugeriu que ele fizesse exatamente o oposto (viajasse com Marta).

c) Carlos e Marta eram somente amigos e por isso ele não viu problema algum em viajar com ela e acatar a sugestão de Vera.

d) Carlos acreditou que a sugestão de Vera era genuína e nunca imaginou que se tratava de um subterfúgio para ela testar a sua lealdade.

Se Vera acreditasse no amor de Carlos e tivesse conversado com ele em vez de testá-lo, transformando a viagem em um problema, com certeza a relação dos dois não teria se deteriorado tanto. O ciúme dela e a incapacidade de aceitar que Carlos pudesse continuar amigo da ex-mulher, alguém que fora importante na vida dele, e com quem ele vivera por mais de uma década, contribuíram para minar o namoro.

A ironia era que Vera continuava se relacionando com o primeiro ex-marido, pai das suas filhas, mas não conseguia aceitar que Carlos fosse amigo da ex-mulher. Carlos tinha dificuldade em entender isso. Para ele, era óbvio que o seu casamento com Marta havia terminado, mas isso não significava que tivessem que ser inimigos. Carlos percebeu que o seu pior erro foi exatamente tentar ser transparente e falar sobre Marta o máximo possível para tentar tranquilizar Vera. Sua atitude teve o efeito oposto: ela ficou com mais ciúme e desconfiança, sentimentos que não superou durante todo o relacionamento com Carlos.

Antes de decidir falar sobre a ex, o companheiro deve avaliar o tipo de personalidade da sua parceira para entender qual a atitude mais benéfica para a relação. O melhor é sempre evitar falar muito sobre a ex, como comentar que ela foi compreensiva na separação, ou quanto ela é evoluída e emocionalmente madura, bem resolvida, ou até se está namorando.

Quando a nova companheira é insegura, ciumenta ou controladora, e vê em cada mulher uma ameaça, falar da ex de forma elogiosa só vai piorar a situação, aumentando os fantasmas que a incomodam e tornando a relação mais difícil. O que deve ficar claro, desde o início, sem que haja margem para dúvidas, é o tipo de relacionamento existente entre o companheiro e a ex, para que não haja problemas no futuro.

QUANDO ELE TROCA OS NOMES

Uma das piores gafes que alguém pode cometer é trocar o nome da atual pelo da ex, mesmo quando a relação com a ex é horrível. Isso gera um mal-estar imediato na pessoa que trocou o nome, não só por ter consciência de que cometeu uma gafe, mas também por não saber como a companheira vai reagir nem o que irá pensar.

A nova parceira, por sua vez, nunca parte do princípio de que se trata de um engano sem importância: sempre acha que aquilo revela que ele está pensando na ex ou que ainda gosta dela. Em geral, trocar o nome tem, para a mulher, razões mais profundas, enquanto para o homem se trata de um simples engano – que às vezes ele nem percebe.

O momento em que a troca é feita reveste-se de grande importância: se acontece numa situação banal, do dia a dia, é muito mais fácil superar, mas se acontece em um momento de grande intimidade, o assunto é difícil de contornar e adquire proporções homéricas. Nessa ocasião, o engano é mais difícil de entender e perdoar. E quem trocou o nome tem de se preparar para ser crucificado: conversar, explicar e desculpar-se serão processos lentos, que exigirão paciência.

Há duas formas de lidar com a situação: primeiro, tentar descobrir se ele ainda está apaixonado pela ex-mulher. Atenção: descobrir não é perseguir, insultar, acusar ou discutir, mas observar e conversar. Se ele ainda estiver apaixonado pela ex-mulher, você vai descobrir rapidamente, e não será a troca do nome que vai lhe revelar isso – porque pode não significar nada –, mas outras atitudes bem mais sérias.

A segunda maneira de lidar com a situação é levar na brincadeira, usando senso de humor e retirando importância à situação. Quem troca o nome fica constrangido com o engano e temeroso com a reação, e, se a parceira brincar, o assunto perde imediatamente sua relevância e as coisas voltam ao normal.

Trocadilhos de família

Paulo, meu marido, trocou meu nome algumas vezes – talvez três ou quatro vezes. Porém, a nossa situação é mais complexa do que a dos casais normais, porque Paulo trabalha com a ex-mulher. Sendo assim, me parece até que ele trocou meu nome pouquíssimas vezes, mas sempre que se enganou foi no meio de uma conversa ou quando eu estava em outro cômodo da casa e ele queria me chamar.

Na primeira vez, assim que ele falou o nome da Delta, olhou imediatamente para mim, estudando minha reação. Eu respondi com calma, mostrando uma falsa seriedade:

– Bom, desta vez passa.

Na segunda vez, ele falou o nome da ex e olhou de novo para mim, espreitando para ver o que eu diria ou faria. Eu quase comecei a rir, porque a reação dele tinha muito mais a ver com os conflitos de que ouvimos falar quando alguém troca o nome do outro, do que propriamente com o nosso caso. Ele sabia que não havia problema, mas é sempre uma situação engraçada. Dessa vez eu inventei uma resposta-padrão, que sempre uso. Respondi:

– Não, sou a outra.

Mas a situação mais constrangedora foi com a minha sogra. Ela também já trocou o meu nome duas ou três vezes. Na primeira vez, assim que ela me chamou pelo nome da Delta, percebeu o engano e ficou me olhando em silêncio. Não sei o que ela pensou que eu poderia dizer; ficou só me observando fixamente, por alguns segundos. Eu percebi que o mal-estar estava se instalando e sorri sem dar atenção ao assunto, enquanto ela se desculpava rapidamente. Eu respondi:

– Não tem importância.

Houve mais uma ou duas vezes, em que reagi sempre do mesmo

modo indiferente, sem dar relevância ao caso. Era óbvio que a minha sogra já estava se sentindo mal, e falar sobre o assunto não ia tornar a situação melhor, por isso sempre minimizei os incidentes.

Muitas vezes é a importância que se dá a uma situação que faz com que ela se torne complexa e conflituosa. E o que podia ser um simples engano se transforma em um imenso drama e uma oportunidade para discutir a relação atual e também o casamento anterior. O escritor americano Arthur Bloch diz que "qualquer problema pode se tornar insolúvel se for feito um número suficiente de reuniões para discuti-lo".

Quando as pequenas coisas ganham relevância, o que é realmente importante acaba se perdendo no meio das banalidades. Essas insignificâncias só contribuem para complicar a relação, e é preciso que você defina se quer mesmo discutir por causa do nome da ex, transformando um erro em uma crise, ou se vai minimizar o assunto, divertir-se com o incidente e seguir adiante.

REMOENDO O ASSUNTO

Há pessoas que não aceitam determinadas situações da vida do outro – mesmo que se trate de algo que aconteceu muito antes de seu relacionamento atual – e ficam lembrando, falando e remoendo sempre que surge uma oportunidade.

Esse tipo de comportamento desgasta a relação, além de ser totalmente inútil, já que é impossível alterar o passado. Uma boa conversa sobre um assunto que está incomodando serve de aprendizado e ajuda a definir quais comportamentos não devem ser repetidos, mas fazer disso uma discussão constante gera cansaço e banaliza o tema. Chega um momento em que a conversa não agrega nada de novo – são as mesmas cobranças, as mesmas frases e os mesmos sentimentos.

Se alguém não consegue superar determinada situação porque lhe causa muito sofrimento, insegurança ou raiva, deve lembrar que está deixando que o acontecido determine a sua felicidade e as atitudes atuais. Quando um parceiro é muito cobrado por algo que fez – mentira e traição parecem ser os comportamentos mais difíceis de perdoar –, a relação se desgasta e não há espaço para superar o assunto. Em um primeiro momento, é vital que se fale do problema, a fim de resolvê-lo e decidir que rumo dar à relação. Mas, tomada a decisão, é preciso superar, e não ficar falando do mesmo tema sempre que surgir uma oportunidade.

Ticiane e Ismael: traição no trabalho

Ticiane e Ismael tinham dois filhos e eram casados havia vinte anos, quando ele a traiu com Carla, uma subordinada da esposa.

A situação era muito ruim porque os três trabalhavam na mesma empresa e todo mundo sabia o que estava acontecendo, menos Ticiane.

Um dia aconteceu o inevitável: Ticiane descobriu o caso. Além da traição do marido, ainda teve de lidar com a humilhação de ter sido exposta no seu local de trabalho. Depois do escândalo, a situação ficou insustentável e Carla decidiu deixar o emprego, mas continuou se relacionando com Ismael. Ela era casada e terminou seu casamento por causa de Ismael.

Ticiane perdeu dez quilos e se esgotou em sofrimento.

Entretanto, por ironia do destino, a empresa onde trabalhavam reduziu o número de funcionários e Ismael e Ticiane negociaram a sua saída.

Com o casamento em crise, dois filhos adolescentes e buscando um novo caminho profissional, ambos conversaram muito e optaram por ficar juntos, investindo no casamento e começando uma nova empresa.

Ismael terminou o seu relacionamento com Carla.

Apesar de terem decidido ficar juntos, não havia um único dia em que Ticiane não falasse sobre Carla e não cobrasse Ismael pela traição. Por mais que tentassem seguir adiante, ela não deixava a ferida cicatrizar. Ismael sentia-se cada vez mais culpado, ao passo que Ticiane nunca conseguiu perdoá-lo e não

voltou a confiar nele. Eles vivem um casamento infeliz, cheio de mágoas e ressentimentos.
Apesar do fim do relacionamento com Ismael, Carla não voltou para o marido.

O exemplo de Ticiane e Ismael é um pouco radical, mas o que é necessário entender são os comportamentos: se alguém está infeliz e não consegue parar de reviver uma situação dolorosa, talvez a melhor opção seja terminar a relação, em vez de ficar martirizando o outro por algo que aconteceu e que ambos já discutiram.

Se Ticiane optou por continuar com Ismael, deveria perdoá-lo para terem a chance de ser felizes. Mas ela sente necessidade de magoá-lo todos os dias, e, ao fazer isso, esquece que também está se destruindo. Ela permitiu que a pior coisa que aconteceu no seu casamento determinasse os rumos do seu futuro e minasse a possibilidade de voltar a ser feliz.

Estamos, sem dúvida, perante um duro aprendizado: a capacidade de superar uma grande mágoa ou sofrimento e dominar uma raiva intensa são atitudes que exigem paciência e maturidade emocional. Às vezes, só se consegue paz com o passar dos anos, mas o certo é que não adianta remoer o acontecimento. O melhor, em certos casos, é mesmo optar por seguir adiante: se algo lhe faz mal é porque você permite. Foi você que escolheu ficar ali, se martirizando constantemente. Por isso o perdão é tão vital – ele liberta e dá uma segunda chance.

FALANDO MAL DOS OUTROS

Criticar sem justificativa é uma das atitudes mais mesquinhas que existem e, infelizmente, o ser humano tem muito mais tendência para criticar do que para elogiar.

Falar mal dos outros tem duas leituras: é uma reação ocasional, que acontece em um momento de raiva, ou algo constante, de gente que cultiva esse hábito.

Quando se trata de uma irritação momentânea, é mais fácil de controlar: basta tentar se acalmar e não falar enquanto estiver com raiva. O que se diz num momento de ira é sempre desmedido: fala-se demais, na hora errada, da forma errada e, às vezes, com a pessoa errada. A raiva torna as situações obscuras, por isso é melhor evitar falar ou tomar atitudes das quais poderá se arrepender ou envergonhar. Quando estiver nervosa ou sofrendo, não julgue nem critique os outros sem antes avaliar bem a situação e descobrir o que está acontecendo.

No entanto, quando falar mal dos outros é um costume, tudo se complica. Pessoas que cultivam esse péssimo hábito sempre têm outros, igualmente perniciosos. Além de fofoqueiras, não têm noção dos limites, são intrusivas, mal-educadas e, às vezes, grosseiras. Alguém que passa o tempo falando mal da vida dos outros costuma ter algum desequilíbrio emocional.

Falar mal dos outros, na verdade, expõe muito mais aquele que está falando do que o sujeito que é o objeto da conversa. Muitas vezes, a crítica é exatamente sobre aquilo que incomoda na própria pessoa ou, pior, recai sobre o que a pessoa inveja e gostaria de ter.

Manuela: a fofoqueira

Manuela era muito bonita, mas tinha dificuldade em manter um bom emprego. Era muito focada nos bens materiais e acabou casando com um homem de ótima posição social, capaz de lhe proporcionar a vida com que sempre sonhou.

Ricardo tinha sido casado por vinte anos e tinha cinco filhas.

Manuela detestava a ex-mulher dele, mas sabia que tinha que conquistar as meninas, que Ricardo adorava.

Primeiro ela conseguiu um emprego na empresa dele, onde passou de secretária a gerente de produção em menos de dois anos. Como duas das filhas de Ricardo trabalhavam com ele, tornou-se amiga delas. Era uma mulher paciente: traçou uma estratégia e seguiu seus planos até conseguir o que queria. Lentamente, começou a envenená-las contra a mãe. Uma delas tornou-se tão amiga de Manuela que a consultava para quase tudo. A outra percebeu o que estava acontecendo, mas Manuela a manipulou tanto que ela acabou saindo da empresa. Depois se tornou mais fácil envenenar Ricardo contra a ex, como era seu objetivo inicial.

Manuela mentia muito e passava o tempo falando mal dos outros, mas, como era mulher do chefe, ninguém se atrevia a confrontá-la. Muito do que ela conseguiu na vida foi por meio de fofoca e de manipulação, e chegou a destruir a reputação de várias pessoas.

Ricardo levou anos para saber que Manuela era ardilosa e fofoqueira. Porém, quando descobriu a primeira intriga, tudo o que ela havia feito se revelou. De repente, ele percebeu que todo mundo tinha algum episódio ruim para contar sobre ela.

Ricardo levou muito tempo para conseguir o divórcio, mas finalmente se libertou de Manuela, após quinze anos de casamento.

Pessoas que falam mal dos outros são perigosas. O convívio com gente assim é difícil, e é inevitável que acabe dando errado. Se a ex ou a atual tiverem esse perfil, o relacionamento torna-se muito mais complicado, por haver demasiado ruído, muito disse que disse.

É preciso lembrar que aquela pessoa agora está criticando outra, mas amanhã o alvo pode ser você. Pessoas fofoqueiras não têm sentido de lealdade. O objetivo delas, ainda que inconsciente, é o de espalhar a discórdia e causar dano aos outros. Em geral, suportam mal a felicidade alheia, e a melhor forma de lidar com elas é ignorar, não dar importância àquilo que dizem, tratá-las com muita educação e manter distância. Nesses casos, infelizmente, não há como ter amizade.

O CÍRCULO SOCIAL DA EX

Outro problema frequente entre o casal é o dos amigos comuns com a ex.

Quando um casal briga ou se separa, deve evitar envolver amigos e familiares nos seus problemas. É desagradável recorrer aos amigos para falar mal do outro ou para que eles tomem uma posição sobre a separação. Muitas vezes os amigos são colocados em uma situação tão delicada que acabam se afastando. É vital entender que eles não têm nada a ver com os problemas que o casal está vivendo e não devem ser chamados para participar deles. Outras vezes, os amigos optam por ficar mais próximo de um deles, apenas por terem uma afinidade maior, e não porque não gostem do outro.

Envolver os amigos nos conflitos é um comportamento ruim, por contribuir para destruir ou afastar o círculo social, além de expor as intimidades do casal. É preciso frisar que, ao falar mal do cônjuge, a pessoa também está se expondo e se revelando: essa atitude demonstra pobreza de espírito e muita falta de educação. O clérigo e escritor inglês Charles Caleb Colton afirmou que "a calúnia torna sempre pior o caluniador e não o caluniado".

Você deve pensar e se perguntar o seguinte: vocês estiveram casados (ou juntos) e, ao criticar a pessoa que um dia amou, o que isso revela de você?

Há os casais do "bem", que se separam, mas mantêm seus contatos sociais e jamais comentam suas intimidades nem fazem críticas públicas um ao outro.

Não é muito frequente, mas acontece com aqueles que tiveram relacionamentos mais longos e criaram um círculo de amigos comum. Eles mantêm o hábito de frequentar os mesmos lugares e circuitos sociais, sem que haja intenção de provocar ou ferir o outro – nenhum deles frequenta um lugar com o propósito de provar que está bem ou mostrar que tem uma nova companhia.

Nesses casos, em que o casal continua convivendo com os amigos, quando o homem inicia um novo relacionamento, é difícil a recém--chegada integrar-se ao grupo sem se sentir intimidada pela presença da antiga parceira do seu atual namorado. Mas, após os receios iniciais, se a pessoa estiver mesmo disposta, o convívio acontece naturalmente. Foi assim que aconteceu comigo.

A generosidade de Delta

Eu e Paulo morávamos em Portugal (onde nos conhecemos), quando decidimos mudar para o Brasil. Nosso filho tinha um ano. Delta se ofereceu para nos receber na casa dela enquanto organizávamos nossa vida. Nós aceitamos o convite.
Dois ou três dias antes de viajarmos, o bebê teve febre e uma alergia que os médicos não conseguiram identificar. Por segurança, nos aconselharam a adiar a viagem. Paulo lembrou que tinha um amigo pediatra que, naquela época, era diretor de um grande hospital de São Paulo. Como não tinha o contato, pediu que Delta o localizasse.
Paulo falou com o amigo pediatra e, após várias horas de conversa e avaliação dos exames, ele nos aconselhou a viajar.
Quando chegamos, exaustos, depois de uma viagem de mais de dez horas, cheios de bagagem e um bebê febril e indisposto, tudo o que queríamos era que o nosso filho ficasse bem. Delta estava esperando por nós no aeroporto, com um amigo e o irmão de Paulo. Fomos para a casa dela e, quando entramos, nos deparamos com uma casa cheia de amigos – dos tempos do casamento de Paulo e Delta – e um rodízio de pizza. Entre os amigos, estava o pediatra esperando para ver nosso filho.
Foi a recepção mais calorosa que podíamos ter tido. Quando se muda de cidade ou de país, fica-se mais sensível. A adaptação nunca é um processo fácil, mas aquele início que Delta nos proporcionou foi o melhor possível: ela não só cedeu sua casa, como ainda me apresentou – generosamente – aos seus amigos.

Hoje frequentamos o mesmo círculo social e temos muitos amigos em comum – amigos herdados dos tempos em que eles eram casados. É bem verdade que é muito difícil encontrar uma generosidade similar à de Delta – até porque ela é alguém espiritualmente superior, mas qualquer atitude deve ser valorizada em uma relação tão complexa como é a da atual e da ex. Por isso, as pessoas dão pequenos passos e ensaiam pequenos gestos, que devem ser aceitos e valorizados como grandes avanços.

A avaliação das situações depende muito do ponto de vista de cada um: em vez de ter uma posição crítica e defensiva em relação ao círculo de amigos, é aconselhável uma atitude mais aberta. Também não tente competir com a ex: você vai perder. Aqueles são os amigos dela, que estão generosamente dispostos a aceitá-la no grupo. Entenda que cada pessoa tem o seu lugar.

Evite ceder à tentação de tentar descobrir informações sobre o relacionamento anterior do seu parceiro através dos amigos do casal: além de ser indelicado, faz com que pareça maquiavélica – alguém que manipula os outros e recorre a estratégias para conseguir algo. Aliás, não queira saber do casamento deles: isso é algo que pertence aos dois e a um tempo anterior à sua presença na vida dele, fato que você deve respeitar e aceitar.

1. Falar da ex para tentar tranquilizar a nova companheira é um erro comum, que pode ter o efeito contrário. Em vez de apaziguar, pode gerar desconfiança e insegurança na atual companheira. Se o parceiro deseja falar da ex, deve fazê-lo com parcimônia, sem entrar em detalhes.

2. Quando alguém troca o nome da atual parceira pelo da ex, a melhor estratégia para lidar com a situação é através do humor. Se o comportamento se repetir, ou acontecer em um momento de grande intimidade, é prudente uma conversa mais séria, para avaliar a razão de tanto engano.

3. Quando acontece algo desagradável ou que gerou muito sofrimento, após discutir o assunto, deve-se perdoar e seguir adiante. Não adianta ficar falando sobre o que aconteceu até a exaustão, sempre que surgir oportunidade. Isso só vai contribuir para desgastar o relacionamento.

4. Falar mal dos outros é inadequado, revela falta de educação e mesquinhez. Além disso, sempre gera muitos mal-entendidos, contribuindo para complicar situações que poderiam ser resolvidas de forma simples e sem conflito. Se algo está incomodando, o melhor é que haja uma conversa privada sobre o tema.

5. Pessoas que têm por hábito falar mal dos outros não são confiáveis e devem ser mantidas a distância. Aquilo que dizem ou fazem aos outros hoje, poderão dizer ou fazer com você amanhã.

6. Frequentar o mesmo círculo social da ex do seu marido (ou namorado) exige uma etiqueta: jamais pergunte nem comente sobre o relacionamento anterior.

11. RELAÇÕES DE PODER
Tudo aquilo que não enfrentamos em vida acaba se tornando o nosso destino.
Carl Gustav Jung

PODER: UMA GUERRA SEM VENCEDORES

Dizem que no amor e na guerra vale tudo. Pode até ser, porém não é um pensamento sábio. Na guerra as pessoas regridem, se animalizam, chegam ao âmago do primitivismo, e aí, sim, infelizmente, vale tudo, porque o que está em questão é a própria sobrevivência.

Mas o amor representa o caminho oposto: as pessoas se elevam, se enobrecem, revelam o seu melhor, e, se assim não for, é porque não há amor. Quando no amor acontece uma vitória em que valeu tudo, é, com toda a certeza, uma vitória com os dias contados. Um amor que começa com uma guerra só pode terminar com uma guerra.

Para uma relação feliz, o equilíbrio é essencial e se obtém por meio de negociações, pequenas concessões e muito diálogo. Mas, quase sempre, as pessoas fazem de suas relações uma arena em que testam o poder. Elas tentam exercer algum tipo de influência sobre o outro, não apenas impondo suas opiniões, mas também seus desejos. E fazem com que o outro molde seu comportamento a essas vontades.

Sempre que alguém quer se impor ao outro – em qualquer tipo de relação ou circunstância –, está entrando na esfera do poder e abrindo caminho para uma relação em que um e outro vivem se testando. Quando esse comportamento se transforma em padrão, o convívio torna-se tenso e competitivo. Muitas situações contribuem para desgastar ou destruir uma relação, mas poder e controle constante sobre o parceiro são fatais. Sempre que o poder for a peça-chave de uma relação – amorosa, profissional ou de amizade –, haverá emoções que geram conflito.

O desejo pela supremacia, em que um quer se impor ao outro, está presente em todas as atitudes do cotidiano, mesmo as mais insignificantes: a escolha do restaurante, o destino das férias, o círculo de amigos, a educação dos filhos e assim por diante. Tudo é pretexto para testar limites e tentar exercer o poder. Mas esse exercício contínuo é uma guerra sem vencedores: as pessoas se testam, se irritam, brigam, inventam estratégias para dominar o outro e ter a última palavra e, no final, arruínam qualquer possibilidade de diálogo, colocando sua felicidade, ou bem-estar, em risco. E quando essa relação de poder acontece entre ex e atual, as perdas serão sempre muito superiores aos ganhos.

O exercício do poder gera um acúmulo de emoções e situações negativas que pode levar ao fim da relação: ou porque acabou com a possibilidade de um convívio saudável ou porque um dos envolvidos deu um basta. Ciúme, desconfiança e raiva são emoções muito ligadas às situações de poder e geram o desejo de dominar e controlar o outro. Já falamos sobre as consequências de algumas dessas emoções em um relacionamento, e sabemos que quando são excessivas conduzem ao sofrimento e, em certos casos, à violência.

AS RELAÇÕES DE PODER

As relações que envolvem poder acontecem, basicamente, de três formas:

1. Um consegue se impor e dominar o outro, e o relacionamento será entre dominador e submisso.

2. Ambos competem entre si, para ver quem se impõe, e o relacionamento se transforma em um cenário de conflitos constantes.

3. Ambos negociam e vão cedendo quando necessário, em busca de uma relação equilibrada.

Quando a relação entre ex e atual se desenrola em um cenário de luta pelo poder e competitividade, torna-se negativa e desagradável. Elas sentem uma necessidade permanente de impor a sua vontade ou ter a última palavra. Atitudes assim transformam todas as situações, por mais banais que sejam, em um conflito permeado de tensões.

Elas se envolvem em uma briga camuflada e tudo o que fazem é para obter vantagem. Não apenas ignoram os sentimentos do parceiro e das crianças, como, muitas vezes, eles são usados como peões do jogo que acontece entre as duas. E, se uma acha que perdeu espaço, é assaltada pela raiva e por uma vontade crescente de dominar a outra. Esse contexto inviabiliza a possibilidade de um convívio saudável e tende a piorar com o passar dos anos, porque os envolvidos vão acumulando ressentimentos.

Mas o que significa o poder, essa vontade (ou necessidade) que alguns têm de controlar os outros?

Faz parte da natureza humana o desejo de se impor, criar seu próprio território afetivo, social e profissional. As pessoas precisam demarcar o seu território, como se dissessem: "Este é o meu espaço e você não pode entrar", exatamente como acontece com os animais. Mas, depois, tendem a conquistar novos territórios e invadem o espaço dos outros.

Ex e atual brigam por mais espaço porque isso significa "mais poder". Muitas de suas brigas e manipulações estão diretamente associadas ao desejo de aumentar sua influência e área de atuação. A melhor forma de lidar com isso é respeitar o espaço e as atitudes de cada um. Repare que voltamos ao conceito em destaque neste livro: a necessidade de respeitar o outro.

Na realidade, é vital compreender que o poder não serve para nada: abrir mão dele e trocar o desejo de dominar o outro pelo diálogo é a melhor maneira de começar e manter uma relação e ser feliz.

Às vezes, há situações ou provocações que ameaçam o orgulho da pessoa, e ela se sente compelida a agir para mostrar que é superior. Ao fazer isso, porém, está iniciando uma luta pelo poder. Muitos dizem: "Por que eu tenho que ceder e ela não?", "Por que eu tenho que mudar e ela não?". Alguém terá que liderar a mudança, ser o primeiro a mostrar um novo caminho. Nesse caso, ceder significa ser mais evoluído espiritualmente e mais maduro emocionalmente. E, mesmo que a pessoa continue agindo de forma grosseira, o outro só terá que ignorar as provocações e manter sua atitude de paciência e tolerância. Não deixe que o modo de agir de alguém determine suas escolhas. Lembre que, para brigar, são sempre necessárias duas pessoas.

CONTROLE

Embora a necessidade de controlar o outro (por exemplo, saber onde ele está, o que está fazendo ou até pensando) seja diferente do desejo de dominar (impor suas vontades e opiniões), no fundo, são atitudes muito próximas.

O controle é uma forma disfarçada de poder e acontece em qualquer relação: casal, pais e filhos, amigos, colegas. O controlador, como já vimos anteriormente, quer saber o que está acontecendo para, de algum modo, ter o domínio da situação e, no limite, fazer com que o outro se submeta aos seus desejos.

A necessidade excessiva de controlar é um processo que gera ansiedade e sofrimento. E o pior é que é totalmente inútil. Na verdade, torna-se uma espécie de escravidão para todos os envolvidos, sendo tão nocivo para o controlador quanto para quem é controlado. É preciso lembrar que a pessoa que é controlada pode ou não permitir essa situação – é uma decisão pessoal. Já o controlador deve buscar ajuda terapêutica se não conseguir lidar com suas emoções.

Se ex e atual tentam controlar o que acontece na casa e na vida uma da outra, ou no relacionamento com o parceiro e com os filhos, isso vai conduzir a situações de manipulação e exercício do poder – e os malefícios sempre serão maiores que os benefícios. Serão situações com impacto negativo na vida emocional das crianças e dos adultos.

O controle nunca impediu que uma relação terminasse, pelo contrário, talvez até tenha contribuído para o fim de muitas, como aconteceu com Dina e Bento.

Dina e Bento: o descontrole do controle

Dina era uma mulher loira e sensual, que sempre chamava a atenção, onde quer que estivesse. Casou-se com vinte anos e teve duas filhas. O seu marido era um homem ciumento e controlador, que não lhe dava um momento de sossego. Ela se queixava dele para os mais íntimos e dizia que às vezes nem conseguia sair para tomar um café com as amigas, de tão controlador que ele era.

Quando fez quinze anos de casada, ela se apaixonou por Bento, um músico – e os cuidados e excessos do marido não serviram para nada.

Ambos eram casados, mas sentiram uma paixão tão avassaladora que saíram de suas casas e foram morar juntos, antes mesmo de sair o divórcio.

Bento tinha três filhos adultos, o mais novo com dezoito anos. Eles ficaram com a mãe, mas as filhas de Dina foram morar com eles. Desde o início, Dina deixou claro que não queria contato com a ex-mulher dele nem com os filhos, e ele teria que vê-los na casa da ex.

Após alguns meses juntos, Dina começou a revelar um comportamento obsessivo: queria saber onde Bento estava a toda hora. Como ele tocava à noite, era difícil controlá-lo, porque Bento nem sempre podia atender o celular. Quando ele retornava o telefonema, ela já estava enlouquecida, acusando-o de traí-la e mentir.

Noite após noite, a situação foi se agravando, e Dina começou a segui-lo. Deixava as filhas em casa, saía para ver onde Bento estava tocando e ficava no carro à espera. Quando Bento chegava em casa, perguntava o que ele tinha feito para ver se coincidia com o que ela vira. Revistava os bolsos e a carteira, checava o celular, inspecionava e cheirava a roupa dele.

O desejo de controlar Bento passou a ser tão grande que ela o proibiu de ver os filhos, para impedir que encontrasse a ex-mulher. Mas também não queria que os filhos o visitassem. O casamento durou oito anos, porque, apesar de toda a loucura, ele era totalmente apaixonado por Dina. Chegou a recusar contratos para tocar em outras cidades apenas para ficar junto dela, mas, por mais que se esforçasse, as exigências dela eram cada vez maiores. Dina estava enlouquecendo. Tinha uma necessidade patológica de saber constantemente onde ele estava. Chegou o dia em que Bento não aguentou mais: deixou-a, não por falta de amor, mas porque não suportava mais o excesso de controle e as cobranças.

Ninguém quer ser como Dina, aquela pessoa de quem se fala: "Nossa, vou me encontrar com aquela chata, neurótica, que quer controlar todo mundo...". Para evitar esse rótulo e ter uma vida serena e livre de angústias, é preciso mudar o comportamento e entender que todos têm seu próprio espaço. Não adianta querer controlar ou tentar mandar na vida dos outros. Concentre-se na sua.

Se eu tentasse controlar o Paulo, o nível de estresse que iria infligir a todos nós seria tão grande que, com certeza, o casamento já teria terminado. Ele não aguentaria a cobrança diária e descontrolada, e eu não aguentaria o sofrimento ao imaginar o que ele estaria fazendo.

A imaginação é algo terrível: quanto mais se pensa, mais ela se agiganta, até nos dominar por completo. Chega um momento em que a pessoa não consegue mais separar a realidade da imaginação, e tudo lhe parece suspeito. Esse não é, definitivamente, o caminho que escolhi.

É conveniente lembrar que a minha situação é um pouco mais complexa, porque o Paulo e a Delta são sócios. Isso significa que vão a reuniões e eventos juntos e, por vezes, trabalham até muito tarde. Trata-se de um convívio profissional que eles precisam manter, mas recentemente aconteceu um episódio engraçado, que não tem nada a ver com o trabalho.

Delta e Paulo: caminhadas matinais

Paulo gosta muito de caminhar pela manhã, e um dia decidiu ir para o parque bem cedo. Queria que eu fosse com ele, mas eu não quis. Caminhar tão cedo não é algo que eu goste de fazer – pelo menos não nesse momento.

Quando estava no escritório, comentou o assunto com a Delta, e os dois combinaram caminhar juntos. Achei ótimo! Eu fico bem mais tranquila quando o Paulo caminha acompanhado, por questões de segurança.

Todos os dias, entre as sete e as oito da manhã, os dois passaram a fazer grandes caminhadas pelo parque. De vez em quando insistiam que eu fosse, mas eu não sentia a menor vontade.

Certa manhã, precisei falar com o Paulo e liguei para o celular dele. O celular tocava e a ligação ia direto para a caixa postal. Tentei uma, duas, três vezes... e nada.

Liguei para a Delta, e quando ela atendeu expliquei que queria falar com o Paulo, porque o celular dele estava direcionado para a caixa postal. Ela passou o celular ao Paulo e falei com ele. A explicação para o celular era bem simples: estava sem bateria.

Nem preciso dizer que as caminhadas pelo parque se tornaram mais um motivo de piadas entre os amigos.

Talvez outra pessoa no meu lugar tivesse se deixado dominar pela dúvida ou pelo ciúme e na sua imaginação tivesse se passado todo tipo de cenário suspeito. Mas eu tomei a decisão de levar uma vida tranquila, e há comportamentos que não me permito, por serem prejudiciais para mim e para todos os que estão à minha volta. Por isso, eu não tento controlar o Paulo, e confio. Acredito que é fundamental confiar para estar envolvido em uma relação.

DESCONFIANÇA

A desconfiança rouba a paz de espírito de qualquer um. Quando existe algum motivo para se desconfiar de alguém, é aconselhável avaliar a situação com cuidado e confrontar a pessoa. O que não deve acontecer é ficar com a dúvida. Ela funciona como uma semente que servirá para alimentar mais dúvidas.

Não caia na armadilha de começar a vasculhar as coisas dele – carteira, celular, roupa, carro – ou segui-lo por todo lado e telefonar para os amigos e colegas, como acontecia com Dina e Glória. São comportamentos que colocam a pessoa em uma situação muito humilhante.

Glória: desconfiando de tudo

Glória conheceu Josué quando foi passar um mês de férias em Lisboa, e, antes de as férias terminarem, os dois estavam apaixonados.

Durante alguns meses mantiveram uma relação a distância – ela em São Paulo e ele em Lisboa –, até tomarem a decisão de morar juntos. Josué deixou a sua vida em Lisboa e se mudou para a casa de Glória, em São Paulo.

Ela já tinha sido casada, mas, quando se separou, manteve um relacionamento amigável com seu ex-marido. Era uma mulher bem-sucedida, madura, equilibrada e muito segura. No entanto, alguma coisa estranha aconteceu quando começou a viver com Josué: ela se sentia insegura e a relação começou a lhe fazer mal.

Sempre que Josué saía, ela achava que ele ia traí-la. O receio se transformou em medo e, depois, em uma desconfiança constante.

Glória começou a checar a carteira dele, o celular, a vasculhar os bolsos. Mas, quanto mais ela tentava controlar Josué, mais desconfiada se sentia – parecia um vírus que só ia piorando. A desconfiança se transformou em brigas e cobranças, e a relação se degradou.

Glória percebeu que não podia continuar vivendo assim, e, depois de muito tempo em um relacionamento completamente tóxico, conseguiu terminar com Josué.

Não permita que suas desconfianças a transformem em alguém que não respeita os limites dos outros e que não respeita a si mesma: vasculhar os objetos pessoais é degradante e se transforma num comportamento compulsivo, como aconteceu com Glória.

Além disso, você precisa saber o que fazer com a informação que vai descobrir. Se encontrar um simples bilhete, que pode até não significar nada, deve estar preparada para tomar uma atitude. O que vai fazer? Revelar que está mexendo nas coisas dele e, portanto, que não confia nele? Infernizar-lhe a vida a partir desse instante? Ficar em silêncio, sofrendo e tentando descobrir tudo o que ele faz? Ou vai deixá-lo?

Se o alvo da desconfiança for a ex – como acontece em muitas ocasiões –, jamais, em situação alguma, a confronte. A sua relação é com o seu parceiro, portanto, as desconfianças têm que ser resolvidas com ele, não com a ex-mulher ou ex-namorada.

"Pedir explicações" à ex é uma atitude vulgar e vai revelar que a sua relação tem problemas. É muito degradante duas mulheres brigarem por causa de um homem. Converse com o seu companheiro, de modo civilizado e maduro, para sanar suas dúvidas ou desconfiança. Se não conseguir resolvê-las, vai sentir raiva, ciúme e necessidade de controlar. Por isso, tente resolver o assunto dialogando.

O diálogo é sempre uma opção melhor do que brigas e acusações: aproxima os dois, criando a oportunidade ideal para revelarem os seus sentimentos, e eleva o nível da relação. Depois de sanar as suas dúvidas, não volte a falar no assunto. Supere e siga adiante.

Se o seu companheiro tem o hábito de mentir (ou trair), já provou que não é confiável. Caso você tenha optado por continuar com ele, tem que estar ciente de que essa decisão tem suas consequências, e uma delas é o sofrimento.

Continuar vivendo com alguém em quem não pode confiar tem um custo pessoal muito elevado: além da dor, alimenta uma relação destrutiva e abala a sua autoconfiança. Mas lembre: a opção é sempre sua. Você tem na mão a chave do seu destino.

CIÚME

A ex é muitas vezes o alvo do ciúme em um novo relacionamento, principalmente quando o antigo casal se dá bem. Antes de avançar para atitudes radicais, sempre pense e se faça uma pergunta: se ele está com você, e não com a ex, é por alguma razão. E qual é? Acha mesmo que se o seu companheiro ainda gostasse da ex, não estaria com ela? Por que ele iria mentir sobre isso?

Ciúme e insegurança são sentimentos que quase todo mundo já teve em algum momento, mas eles se transformam em um problema quando se tornam rotineiros e pautam os comportamentos do dia a dia. Nesse caso, a pessoa deverá procurar a ajuda de um terapeuta para descobrir o que está acontecendo.

Pode haver ocasiões em que a ex gosta de provocar a atual e cria situações para gerar ciúme, ou a atual usa as crianças para provocar a ex, que é a mãe. Nessas circunstâncias, as duas estão envolvidas em uma luta pelo poder e não estão tentando criar uma relação civilizada.

A melhor forma de reagir às provocações é ignorá-las, porque se uma das duas mostrar que está sentindo ciúme, dá à outra a oportunidade de repetir aquele comportamento sempre que houver intenção de irritar ou provocar.

Pode até se tratar de algo inocente: o parceiro encontra a ex-mulher no meio da rua, dá-lhe um abraço carinhoso sem segundas intenções, tomam um café, conversam por dez minutos e cada um segue a sua vida. No dia seguinte, porém, aquele abraço se transformou em traição. Por isso, atenção: antes de dar importância ao que os outros estão falando, escute o seu parceiro.

Pode também acontecer que a atual e o marido levem as crianças para passear – ou de férias – e se divirtam muito. Quando os meninos voltam para a casa da mãe, ela sente ciúme. Pois não deveria! Além de se sentir grata por alguém amar e cuidar dos seus filhos, a mãe tem um papel absoluto na vida deles: ela serve de exemplo, educa, alimenta, cuida, escuta, conversa e, principalmente, ama seus filhos. Não tem que se sentir ameaçada por ninguém, muito menos competir. Ao agir como mãe –

educando e amando –, ela tem seu papel central junto dos filhos, e eles jamais esquecerão isso.

O ciúme cega, rouba a capacidade de racionalizar e agir com moderação. Não permita que ele tome conta da sua vida a ponto de transformar o seu comportamento em uma luta de poder e uma necessidade de controlar o seu parceiro.

Às vezes, detalhes insignificantes acabam destruindo uma relação, como aconteceu com Amélia e Cristiano.

Amélia e Cristiano: o espanta-espíritos

Amélia namorava Cristiano havia dois anos, mas tinha muito ciúme da ex-mulher, Sofia. Embora separados e sem filhos, eles eram amigos; almoçavam juntos de vez em quando, telefonavam um ao outro com frequência e Sofia continuava visitando os pais de Cristiano, que já estavam com oitenta anos. A mãe de Cristiano adorava Sofia.

Amélia, porém, não se conformava com a história: achava que havia algo mais entre eles, e, como era ciumenta, tentava saber tudo o que estava acontecendo. Cristiano nunca escondeu nada, para evitar que ela sentisse mais ciúme. Contava-lhe quando Sofia telefonava ou quando passava pelo escritório para tomar um café ou almoçar com ele.

Um dia, Amélia ofereceu a Cristiano um apanhador de sonhos, que ele pendurou na sala. Meses depois, Sofia – que nunca mais entrara no apartamento dele desde o início do namoro com Amélia – ofereceu-lhe uma peça de madeira que havia pintado. Cristiano gostou muito da peça e achou que ficaria melhor se a pendurasse no lugar onde estava o apanhador de sonhos – e trocou a peça de lugar. Quando Amélia viu, fez uma leitura completamente diferente: para ela, a troca das peças não estava relacionada com questões de decoração, mas com a clara preferência de Cristiano por Sofia.

Por mais que Cristiano explicasse, Amélia rejeitou os argumentos dele, acreditando que ele gostava mais de Sofia do que dela.

E foi assim que uma coisa sem importância se transformou em um problema.
Cristiano desabafou com um amigo, dizendo que nunca sabia o que fazer ou dizer para Amélia não sentir ciúme. Mas, por mais que tentasse, eles sempre discutiam por algum detalhe bobo, que acabava se tornando demasiado importante.
Esse tipo de atitude de Amélia desgastou a relação e eles terminaram. Cristiano e Sofia continuam amigos, e nunca pensaram em reatar o relacionamento.

Nesse caso, a leitura que a atual parceira fez de alguns acontecimentos simples foi deturpada pelo ciúme e pela insegurança e contribuiu para acabar com a relação.

RAIVA

A raiva é o sentimento mais banal do ser humano. Surge quando acontece algo errado, quando alguém agride uma criança, diz algo ofensivo ou fura a fila em que você estava. A maioria sente raiva, mas tem autocontrole e domina as emoções. Em geral, ninguém começa uma briga por causa de detalhes cotidianos que nem sequer valem a pena. Mas há pessoas que, ao serem assaltadas pela raiva, ficam muito agressivas e agem de modo violento.

A raiva acende uma espécie de luz vermelha dentro do cérebro quando algo vai contra as expectativas ou rompe com as regras normais do comportamento. Qualquer pessoa sente raiva de vez em quando, mas algumas são incapazes de se controlar. Gente dominada pela raiva não consegue pensar bem e suas atitudes violentas se tornam desproporcionais em relação ao evento que gerou a emoção. Se pequenos incidentes originam muita raiva, é necessário avaliar o comportamento e, talvez, consultar um terapeuta.

A raiva de Lúcia

Lúcia e Pietro começaram a namorar aos 25 anos. Os dois eram ciumentos, mas o jeito de lidarem com o ciúme era diferente.

Pietro, quando sentia ciúme, irritava Lúcia flertando com outras moças. Lúcia, quando sentia ciúme, agredia Pietro. Eles tinham uma daquelas relações apaixonadas, em que viviam um para o outro, brigavam e faziam as pazes. Era tudo muito intenso. Com o passar dos anos, o ciúme piorou e a relação ficou mais agressiva.

Pietro gostava de provocar Lúcia quando saíam juntos. Ele parecia ter prazer em irritá-la, como se aquilo lhe desse a medida de quanto ela gostava dele.

Era frequente eles discutirem e brigarem, mas a raiva de Lúcia estava ficando descontrolada: certa vez ela jogou um copo de bebida no rosto dele, indiferente ao fato de estarem em uma festa; outra vez, esbofeteou-o porque estava olhando para outra mulher. A agressão tornou-se normal: quando Lúcia se irritava, agredia Pietro. Ela ficava cega de raiva e não conseguia controlar as suas emoções.

Pietro e Lúcia namoraram por cinco anos, mas terminaram porque, a partir de certo momento, não conseguiam mais conviver sem que ela o agredisse.

Na "hora da raiva", as pessoas fazem grandes besteiras e querem dominar ou destruir quem provocou aquela emoção. Por exemplo, o ciúme patológico de Lúcia gerou muita raiva, e ela tornava-se perigosa porque agia sem pensar. A raiva, quando não é controlada, transforma-se em padrão de comportamento. Também vai progredindo com o tempo: cada vez mais o indivíduo reage com uma raiva maior perante estímulos menores.

Na relação entre atual e ex, é fundamental deixar a raiva de lado, mesmo que você pense que haja razão para se sentir assim. A raiva altera o seu comportamento. Além disso, é um sinal de fraqueza: alguém que não consegue controlar as suas emoções fica vulnerável às provocações dos outros o tempo todo.

Na "hora da raiva" são ditas e feitas coisas que podem inviabilizar uma relação futura entre as duas e, se existirem filhos do casamento anterior, isso é mais complicado, porque as crianças vão ficar no meio da briga.

Nessa equação do poder falamos de raiva, ciúme, controle e desconfiança, mas não falamos de nenhum tipo de violência ou agressão. O exercício de poder que passa pela agressão é uma situação que inviabiliza qualquer relação no ato. Alguém que sofre uma agressão deve terminar o relacionamento imediatamente, procurar apoio psicológico e também policial.

O agressor é doente e precisa se tratar, porque a violência pode ter sido um comportamento-padrão na sua vida ou ele pode não ser capaz de lidar com as suas emoções de maneira saudável. De qualquer forma, ele sempre vai reagir com violência se não buscar ajuda psicológica.

Quem sofre a agressão também necessita de tratamento, porque se trata de um trauma e, por vezes, é acompanhado pela incapacidade de a vítima se libertar da situação. É crucial que busque ajuda e é extremamente importante tirar os filhos de um ambiente violento: em primeiro lugar, para que as crianças sejam protegidas do abuso; e, em segundo lugar, para que não aprendam e, mais tarde, repitam e perpetuem esse comportamento.

1. O desejo de exercer o poder e dominar o outro só tem consequências negativas, além de ser inútil. Para quem está de fora, observando, é uma atitude muito frustrante ver alguém enlouquecido, se esforçando por controlar e mandar nos outros. Isso não é um comportamento elegante ou saudável e sempre acaba revelando o pior lado das pessoas.

2. O exercício do poder ou controle leva a atitudes manipuladoras: para conseguir o que quer, a pessoa usa os outros, lançando mão de artimanhas e muitas vezes recorrendo à mentira.

3. O relacionamento ou convívio com gente controladora é muito difícil: ou o outro aceita e se submete, abrindo mão de parte da sua identidade e de seus desejos, ou brigam o tempo todo.

4. Ciúme, raiva, desconfiança e insegurança pertencem a uma categoria de emoções que torna as pessoas irracionais – fazendo com que deixem de pensar claramente e sejam incapazes de tomar decisões moderadas. Em excesso, qualquer uma dessas emoções leva ao descontrole e, por vezes, à agressão.

5. Para uma relação tranquila e inteligente, é preciso abrir mão do desejo de controle e das emoções negativas e buscar o diálogo e o bom senso.

6. Antes de agir, avalie as situações com cuidado para evitar conclusões erradas e precipitadas. Às vezes as coisas não são o que parecem.

12. OS FILHOS

O verdadeiro amor nunca se desgasta.
Quanto mais se dá, mais se tem.
Antoine de Saint-Exupéry

O PESO DOS FILHOS NA DECISÃO DA SEPARAÇÃO

Já falamos sobre a necessidade de preservar as crianças nos casos das separações e divórcios difíceis, mas este tema é muito importante e merece um capítulo, até porque, em algum momento, estabelece a conexão entre a ex e a atual companheira.

Há aqui duas situações a respeito da decisão da separação:

- A primeira se dá quando os casais têm consciência de que o casamento acabou, mas optam por não se separar por causa dos filhos.
- Na segunda situação, os casais percebem que o relacionamento terminou e optam por se separar independente do fato de terem filhos, e até mesmo da idade das crianças – certos casais se separam quando os filhos ainda são bebês.

Os casais que decidem sacrificar seus desejos em prol da união familiar acreditam que, mantendo a família unida, estarão fazendo o melhor para seus filhos, ao evitar que eles passem pela dor provocada pela separação.

Alguns, ao perceberem que o casamento está falindo, decidem ter um filho para tentar uma reaproximação. Nesse caso, o casal poderá se manter unido por mais algum tempo, mas se as questões que estão na base dos problemas não forem resolvidas, não será a presença de um filho que irá melhorar o relacionamento.

A decisão de ter filhos para salvar um casamento é tão equivocada quanto a decisão de continuar casado para oferecer um lar aos filhos – ambas costumam ser péssimas opções, porque o casal está claramente infeliz e os filhos acabarão sentindo isso. Mas há casais que conseguem dialogar bem e estabelecem acordos que permitem manter um lar agradável para todos, como foi o caso de Marcelo e Diane, de que falamos no capítulo 7. No entanto, essas situações são raras, porque exigem atitudes muito maduras e civilidade por parte dos parceiros.

Em geral, aqueles que não se amam ficam amargurados e infelizes quando são obrigados a viver juntos, alimentando um ambiente conflituoso. O nível da agressão tende a aumentar com o tempo, pressionando e dificultando o convívio entre o casal até torná-lo insustentável.

Usar os filhos como argumento para manter um casamento falido é, na maioria dos casos, a pior das opções, especialmente quando um dos pais, em uma atitude irresponsável, resolve contar aos filhos que o pai e a mãe só estão juntos por causa deles – fazendo com que as crianças se sintam responsáveis pela infelicidade dos pais.

As brigas e discussões dos pais condicionam o comportamento dos filhos: esse modelo de família hostil gera sofrimento, angústia e receio, além de servir de exemplo para as crianças.

Há situações em que os filhos até preferem a separação dos pais, porque vivem em uma casa dominada pela discórdia. Na verdade, quando há muitos conflitos e o ambiente é caótico, as crianças sentem grande alívio com a separação.

Os filhos não devem servir de desculpa para manter um casamento. Se a união acabou, o melhor é o casal optar por uma separação racional, em vez de insistir em manter uma situação infeliz, que se tornará gradualmente insuportável. O casal deve mostrar maturidade e explicar aos filhos a sua decisão, para que eles sofram o menos possível.

COMPORTAMENTOS QUE OS PAIS DEVEM EVITAR

Embora a separação seja muito sofrida para o casal, é sempre mais dolorosa para os filhos. Por isso, dependendo da idade das crianças, os pais devem ter a preocupação de entender como elas poderão reagir e quais as suas necessidades emocionais. É crucial que afirmem – e demonstrem – o seu amor pelos filhos e lhes garantam apoio e equilíbrio.

O bem-estar dos filhos deve ser a primeira equação de qualquer separação ou divórcio e, por isso, alguns comportamentos devem ser evitados.

- **Usar os filhos para chantagear ou resolver conflitos:** os filhos não são objeto de barganha para solucionar os conflitos dos adultos, para dividir os bens ou negociar visitas e férias.

É responsabilidade dos pais amar, proteger e educar seus filhos. Ao envolvê-los nos conflitos, estão violando uma das suas funções básicas, porque não os estão protegendo.

- **Brigar e discutir na presença dos filhos:** a separação já é um evento muito traumático com o qual as crianças precisam lidar e não devem ver seus pais brigando nem se agredindo.

Essas situações deixam marcas profundas. Alguns podem não repetir esse comportamento quando adultos, mas é o legado que levarão do casamento dos pais e o referencial para suas relações futuras.

- **Falar mal do pai ou da mãe:** infelizmente, é comum que um dos pais fale mal do outro para os seus filhos, quando está irritado ou magoado.

Nenhuma criança gosta de ouvir um dos pais criticando ou debochando do outro. Essa atitude, além de magoar, está denegrindo a imagem do pai ou da mãe. Por isso, os pais devem discutir as suas opiniões entre si, como adultos. E, quando se trata dos novos parceiros, a regra é ainda mais inflexível: eles não devem, em circunstância alguma (mesmo que tenham razão sobre determinado assunto), fazer comentários ou insinuações sobre os pais das crianças.

- **Transformar os filhos em espiões:** recorrer aos filhos para descobrir o que acontece na vida do outro ou usá-los como mensageiros são atitudes inadequadas. Isso transporta as crianças para o centro do conflito: elas não apenas levam e trazem recados como também aprendem a espionar e a fofocar – duas atitudes que contribuem para distorcer o seu caráter.

As crianças registram todos os exemplos, para mais tarde transformá-los em comportamentos.

- **Impor regras:** há pais que sentem culpa por sua ausência e tentam compensar permitindo que os filhos tenham e façam tudo. Crianças sem limites passam a ter dificuldade em lidar com problemas.

Os pais devem apoiar e ajudar os filhos em vez de compensá-los por meio de presentes e falta de regras. Qualquer excesso é ruim: amar não significa permitir tudo; pelo contrário, amar é educar com responsabilidade e traçar limites – mesmo durante o processo de separação.

- **Qualidade do convívio:** alguns pais ocupam todo o tempo que passam com seus filhos fazendo atividades. Mas isso não significa um tempo de qualidade.

As crianças também precisam conversar e sentir que seus pais prestam atenção e valorizam o que elas dizem e sentem, sem serem interrompidas pelo celular, por exemplo.

A qualidade do tempo passado com os filhos é mais importante do que a quantidade: os filhos precisam sentir-se amados.

- **Fazer os filhos assumirem responsabilidades precocemente:** após a separação, alguns pais atribuem mais responsabilidades aos filhos, especialmente aos adolescentes.

No entanto, certas responsabilidades são inadequadas e excessivas, podendo prejudicar o crescimento das crianças e até atrapalhar os seus estudos.

É preciso adequar as responsabilidades para evitar que os filhos pulem etapas fundamentais para o seu desenvolvimento.

NOVOS PARCEIROS

Por mais bem explicada que seja a separação, a fantasia da criança é alimentada, durante muito tempo, pela possibilidade de os pais se reconciliarem.

O aparecimento de um novo parceiro na vida de um dos pais é um momento importante e representa a mensagem definitiva de que eles não voltarão a ficar juntos. Além disso, existe a incógnita sobre o papel que o novo companheiro irá desempenhar na vida de todos e até que ponto competirá com a criança pelo amor dos pais.

No início do relacionamento, é natural que os filhos reajam com alguma agressividade, por sentirem que estão lidando com um rival, mas, se estiverem seguros do afeto dos pais após a separação, a aceitação de um novo parceiro torna-se mais fácil.

O novo companheiro só deve surgir na vida das crianças quando a relação estiver definida – é um erro apresentar vários parceiros ou parceiras aos filhos, ou levá-los para casa dizendo que são amigos. As crianças entendem o que está acontecendo, portanto essas situações devem ser evitadas.

O papel do novo parceiro deve ser explicado à criança, com a garantia de que o amor e a relação entre pais e filhos não mudará. Isso afasta o fantasma do rival que veio "roubar" a atenção dos pais, e a criança oferecerá menos resistência.

O novo parceiro não deverá tentar substituir ou desempenhar o papel dos pais (a não ser que um deles esteja realmente ausente), nem deve se imiscuir na vida das crianças. Se a relação evoluir, então poderá, aos poucos, tornar-se mais participativo, mas sempre consciente do seu lugar. Em geral, os pais não querem que outra mulher (no caso da mãe) ou outro homem (no caso do pai) interfira na educação dos seus filhos – estejam eles certos ou não. Para evitar atritos, o ideal é que os atuais parceiros interfiram o mínimo possível na rotina, pelo menos até criarem uma ligação sólida com todos os envolvidos.

As crianças também precisam estar conscientes de seu lugar e de seu papel em relação ao novo parceiro: têm que compreender que os pais podem, e devem, reconstruir sua vida amorosa. Por isso, os filhos não podem sentir que são os donos do espaço e precisam aprender a aceitar e respeitar o novo companheiro.

Há filhos muito possessivos, que tornam difícil a vida afetiva dos pais (como aconteceu com João, de quem falamos no capítulo 5). É necessário impor-lhes um limite e deixar claro que agora existe mais uma pessoa.

Algumas crianças acabam criando situações de tensão entre os pais e os atuais companheiros, às vezes com razão e outras sem. Por isso, antes que alguém tire conclusões precipitadas, saiba exatamente o que aconteceu. E as conversas nunca deverão acontecer na frente das crianças, para evitar que elas pensem que controlam tudo.

É vital para a manutenção da nova relação que haja um equilíbrio no convívio entre os filhos, o atual companheiro e os ex.

A imagem da ex como uma megera que faz de tudo para atrapalhar a vida do novo casal e recorre aos filhos para isso, infelizmente, às vezes é real. Algumas mães incitam as crianças a maltratar a atual companheira do pai e manipulam os filhos para minar a relação dos dois. E os pais fazem o mesmo: incitam os filhos contra a mãe.

Usar os filhos é um comportamento egoísta e frio: egoísta, porque a mãe (ou o pai) está pensando exclusivamente em si; frio, porque o amor aos filhos deve se sobrepor a tudo e ser maior do que o desejo de ferir o outro.

Em certos casos, a ex é realmente detestável e os filhos são iguais à mãe. Toda vez que a atual parceira olha para as crianças, revê o comportamento da mãe delas – mal-humorado e grosseiro. Mas há que se separar bem as situações e evitar que os sentimentos em relação à mãe contaminem os sentimentos pelas crianças.

Também é verdade que a nova parceira pode representar a imagem de uma verdadeira madrasta: alguém ciumento que maltrata disfarçadamente as crianças e não gosta delas. Quando isso acontece, ela costuma ser amorosa e dedicada com os pequenos na frente do parceiro, e desagradável e má na ausência dele. Muitas vezes o pai (ou mãe) tem dificuldade em entender o que está acontecendo, mas, em caso de dúvida, fique atento: ninguém quer ao seu lado alguém que maltrate os seus filhos. Essa pessoa não merece ficar na sua vida, e muito menos participar da vida das crianças.

João Carlos conheceu uma pessoa assim – era amorosa com ele, mas ignorava completamente o seu filho.

Clara e Irene: *justiça divina*

João Carlos conheceu Irene quando seu filho tinha oito anos. Ele havia se separado de Clara pouco antes de Luca completar dois anos, mas eles mantiveram uma relação agradável.

João Carlos teve várias namoradas, até o dia em que conheceu Irene. Ela era filha de um industrial famoso e respeitado, mas estava longe de ser bonita: franzina, baixinha, com o cabelo fino e um penetrante olhar castanho, impunha-se mais por sua condição social do que por seu carisma. Também não era particularmente simpática e parecia não ter muitos amigos.

Decidiram morar juntos, na casa dela. Em fins de semana alternados, João Carlos ficava com o filho, e era frequente viajarem para a casa de praia de Irene. Ela costumava convidar alguns amigos de João Carlos para irem junto, e foram eles que notaram algo errado na forma como ela tratava Luca.

Irene ignorava o menino e quando falava com ele era sempre em tom de crítica. Nunca ninguém a viu esboçar um gesto de carinho ou dizer uma palavra gentil. O descaso era tanto que ela nem sequer lhe dava comida, deixando tudo a cargo do pai, como se ela não fizesse parte da vida da criança. João Carlos tentava manter uma atitude conciliatória, por um lado afirmando que o filho era muito independente e, por outro, aceitando a indiferença de Irene em relação a Luca.

Nenhum dos amigos sabia dizer se João Carlos compreendia a magnitude daquele descaso, ou se simplesmente se negava a ver. Mas era notório que a presença de Luca deixava Irene desconfortável e irritada, como se tivesse ciúme da relação entre pai e filho.

Certo dia, uma amiga encheu-se de coragem e contou a Clara o que estava acontecendo. Clara optou por não falar com nenhum dos dois – nem com o pai nem com a madrasta. Em vez disso, falou com Luca para entender como ele se sentia. Clara não queria tornar a situação pior do que já era e acalmava o filho, ensinando-o a lidar com Irene de forma educada.

Um ano mais tarde, Irene decidiu ser mãe: estava perto dos quarenta e sentia a idade passando. Era difícil entender de onde viera aquele desejo súbito, porque ela não parecia ter a mínima vocação para a maternidade. Quando Raquel nasceu, confirmou-se que Irene não tinha o menor instinto maternal, mas pagava babás competentes para cuidar da filha.

Após o nascimento de Raquel, Irene sempre tinha desculpas para Luca não passar os fins de semana com eles. Mas, infelizmente para Irene, Raquel adorava o irmão. Assim que começou a andar, mal via Luca, largava tudo para segui-lo, feito um daqueles patinhos que seguem a mãe.

Talvez Irene tivesse optado por ficar grávida para que a sua filha ocupasse o lugar do filho de João Carlos, mas as coisas não funcionam assim. O destino tem formas estranhas de fazer justiça, formas que vão além dos desejos e das manipulações das pessoas. Irene e João Carlos separaram-se, mas Raquel continuou próxima do irmão. Por mais que Irene tenha tentado separar os irmãos, Raquel sempre pergunta por Luca e pede para vê-lo. Irene não se conforma com o afeto que a filha dedica ao irmão, mas não há nada que possa fazer quanto a isso.

COMPORTAMENTOS QUE DEVEM SER REFORÇADOS

Há uma série de comportamentos que os pais devem reforçar com os seus filhos durante e após a separação.

- **Mostrar afeto:** os pais devem demonstrar que amam seus filhos e assegurá-los de que a separação não terá impacto no afeto que sentem. Pai e mãe são importantes no desenvolvimento das crianças, por isso devem complementar-se na educação.

- **Dialogar:** conversar, escutar e se preocupar com os sentimentos e opiniões dos filhos. Saber o que está acontecendo na vida deles é fundamental para mostrar que eles são importantes. O diálogo é uma via de duas mãos, é uma forma de aproximação e de manter a ligação afetiva.

- **Impor limites:** educar e traçar limites, dizer "não" quando necessário e não cobrir a criança de presentes são atitudes necessárias para um desenvolvimento emocional saudável.

- **Não envolver as crianças na separação:** os assuntos relativos à separação devem ser negociados e conversados sem a participação dos filhos. Questões relacionadas a pensão e bens, escola e visitas devem ser discutidas em privado, e os pais devem chegar a um acordo antes de informar as crianças.

- **Mostrar que a separação é uma decisão dos pais:** os filhos precisam saber – e compreender – que o conflito que está na origem da separação não tem nada a ver com eles; é uma decisão exclusiva dos pais.

- **Minimizar o impacto da ausência:** os pais devem minimizar os impactos de sua ausência.

Se estiverem ausentes por um período, devem explicar os motivos. A falta de um dos pais, por certo tempo, não deve ser confundida com abandono ou negligência, porque esses são comportamentos que geram insegurança, baixa autoestima e medo de não ser amado.

Para amenizar a distância, os pais devem se comunicar mais: telefonar, mostrar interesse pelo que está acontecendo na vida dos filhos, conversar sobre o que estão sentindo e se programar para passar um tempo exclusivo com eles.

- **Não permitir que novos relacionamentos interfiram na relação com os filhos:** esse é um ponto fundamental para que as crianças compreendam que são amadas pelos pais e têm o seu lugar cativo.

COMPORTAMENTO DOS PAIS - HERANÇA DOS FILHOS

Muito do aprendizado se faz pela observação do comportamento dos pais: não só aquilo que dizem, mas aquilo que fazem. Por exemplo, um pai que bebe muito e aconselha o filho a não beber, por ser um comportamento de risco para a saúde, está passando uma mensagem contraditória: além de estar dizendo uma coisa e fazendo exatamente o oposto, também está demonstrando que a preocupação com a saúde é menos importante que o controle de um vício. Que moral tem esse pai para se impor quando prega uma coisa totalmente diferente daquilo que faz? Nenhuma.

No mundo atual, a quantidade de informação disponível sobre qualquer tema é enorme, no entanto, aquilo que faz a diferença na educação dos filhos não é quanto eles sabem, mas como eles aprenderam. A observação do comportamento dos pais é o principal fio condutor das crianças: elas são como esponjas e absorvem tudo o que veem seus pais fazerem, muito mais do que aquilo que eles dizem. Portanto, não adianta explicar ao seu filho que ele não deve agredir ou insultar um colega se tudo o que ele vê em casa são discussões e atritos.

A herança do comportamento é tão grande que a reação do meu filho perante determinada situação nos deixou, a mim e ao Paulo, completamente perplexos.

A naturalidade de Lourenço

Delta é a madrinha do nosso filho. Quando ele fez dez anos, começamos a nos preocupar com o desconhecimento dele sobre o fato de a madrinha ter sido casada com o pai. Seria inevitável que ele viesse a descobrir, e não queríamos que tivesse algum trauma ou achasse a situação bizarra. Na verdade, a situação era bizarra, porque não é muito normal que a ex-mulher do pai seja também a sua madrinha. Essa informação dá um nó na cabeça de muitos adultos, imagine na de uma criança!

A mais preocupada era a madrinha, que insistia na necessi-

dade de revelar a verdade, antes que alguém menos preparado falasse sobre o assunto inadvertidamente.
Às vezes, eu também sentia alguma angústia. Não fazia a mínima ideia de qual poderia ser a reação dele, e isso me preocupava, porque Lourenço adorava a madrinha e não queríamos que a relação deles sofresse nenhum dano.
Paulo era o mais tranquilo: acreditava que Lourenço não daria a menor importância à questão, mas nem eu nem Delta – ou qualquer dos nossos amigos íntimos – acreditávamos que Lourenço iria ficar indiferente a uma notícia dessas. Alguma reação aquilo iria provocar.
Dez anos nos pareceu uma boa idade, e decidimos que Paulo é que deveria contar a verdade. Então, certa tarde, quando Lourenço estava estudando, Paulo achou o momento oportuno para revelar a história:
– Filho, preciso contar uma coisa... – começou Paulo, hesitante.
– Sabe a sua madrinha?... Bem, há alguns anos, antes do papai conhecer a mamãe, eu e a madrinha fomos casados.
– Era isso que queria me contar? – perguntou ele, com naturalidade.
– Sim.
Ele ficou em silêncio alguns segundos, olhando o pai, antes de responder:
– Ah, tá... Eu já sabia.
– Sabia como? – perguntou Paulo, surpreso.
– Ah, acho que sei desde os seis anos... Uma vez, nas férias, a minha prima me contou que você e a madrinha tinham sido casados.
– E... tudo bem? – insistiu Paulo, que, embora defendesse que Lourenço ia aceitar a situação sem problemas, não estava preparado para descobrir que o filho sabia de tudo havia tantos anos e nunca havia comentado nem questionado nada.
– Sim, tudo bem – ele respondeu com seu jeito econômico, antes de explicar. – No princípio tive algumas dúvidas, mas depois passou.
A conversa terminou ali, e nunca mais se falou no assunto.

Ninguém sabe que dúvidas teria uma criança de seis anos ao descobrir que o pai e a madrinha foram casados, nem como as sanou. Para ele, tudo é muito tranquilo, porque nós convivemos uns com os outros com naturalidade.

A ligação dele com a madrinha não mudou, e sempre que necessário Lourenço a defende.

Lourenço defendendo a madrinha

Além da ligação afetiva com Delta, Lourenço também se preocupa com ela. Recentemente, eu estava escrevendo no escritório e ele apareceu por trás da minha cadeira, espreitou a tela do computador e perguntou:

– Mamãe, você está escrevendo o livro "Como ser amiga da ex do seu marido"?

– Sim, filho. Por quê?

Ele parou um momento e me olhou com seu jeito sério e pensativo, antes de perguntar:

– Isso quer dizer que você está querendo ganhar dinheiro à custa da minha madrinha?

– Sim, basicamente – respondi, tentando controlar o riso, para ver até onde a conversa iria.

– E do meu pai?

– Sim, também – afirmei, mantendo uma expressão séria.

– Então você vai dar algum dinheiro do livro para ela, não é?

– É, acho justo – respondi, agora com uma boa gargalhada, surpreendida mais uma vez com a percepção de equilíbrio e justiça que ele tem em relação às situações.

Não me espantarei se daqui a algum tempo ele vier discutir o percentual para dar à madrinha.

Os pais têm obrigação de tornar os filhos pessoas melhores, mais sábias e mais tolerantes. Esse é um processo que acontece pelo exemplo. Se os pais forem pessoas serenas e educadas, que tentam resolver seus conflitos de maneira civilizada, certamente seus filhos usarão esses comportamentos como base para se guiar no futuro.

1. A regra número 1 é a seguinte: o amor pelas crianças deve ser sempre superior ao desejo egoísta de fazer mal aos outros.

2. É melhor para os filhos um casal separado que esteja emocionalmente equilibrado, do que um casal junto que tenha uma relação agressiva e proporcione às crianças um ambiente caótico. Lares hostis são mais nefastos para o desenvolvimento dos filhos do que lares tranquilos de pais separados.

3. Os filhos devem estar no topo das prioridades dos pais – a separação tem que acontecer causando o menor impacto possível na vida das crianças. Para isso, os pais devem dialogar um com o outro e colocar o foco nas crianças.

4. Novos parceiros devem ser apresentados com cuidado e com a garantia de que o amor pelas crianças não será afetado pelo novo relacionamento.

5. Em contrapartida, os pais precisam definir claramente que têm um novo parceiro, e os filhos têm de aprender a lidar com isso.

6. Os filhos precisam de limites e amor e jamais devem ser usados como moeda de troca entre os pais ou como "espiões" das suas vidas.

7. Ex e atuais parceiros têm que entender claramente seus limites e papéis na vida das crianças. E, quando surge alguma dúvida ou mal-entendido, o diálogo é sempre a melhor e mais inteligente das opções.

13. SEGUIR ADIANTE: QUANDO O FIM É O PRINCÍPIO

Não há progresso sem mudança. E quem não consegue mudar a si mesmo acaba não mudando coisa nenhuma.
George Bernard Shaw

LIDANDO COM O FIM DO CASAMENTO

Um dos elementos que interferem no relacionamento da ex com a atual está associado à maneira como a ex organizou sua vida depois do divórcio.

Quando as pessoas casam, sempre acham que é "para sempre". Fazem planos, têm filhos, organizam uma família, mas, às vezes, sem que haja grandes justificativas, o casamento começa a naufragar. Pequenos sinais dão o alarme de que algo já não está bem: a falta de paciência com as coisas da casa e os problemas do cotidiano; a vontade cada vez maior de ficar mais tempo na rua ou com os amigos; o interesse – cheio de culpa – por outras pessoas; a indiferença perante os assuntos do companheiro e a falta de comunicação entre o casal. Por vezes é possível recuperar o casamento – há crises sazonais que se superam –, mas há casamentos que simplesmente terminam, apesar do esforço para revivê-los.

Ao atingir esse ponto – do fim do casamento –, o melhor é que o casal chegue a um acordo civilizado. Por mais dolorosa que seja a ideia da separação, é sempre preferível aceitar o fim do relacionamento a viver um casamento falido, em que pelo menos um dos cônjuges não está feliz. A realidade é que se um já não está feliz, então os dois também não serão felizes juntos.

Embora seja um momento de intenso sofrimento, denominado por psiquiatras americanos de "síndrome do estresse do divórcio", deve ser encarado como o fim de um ciclo e o início de outro – a possibilidade de voltar a ser feliz, com ou sem um novo companheiro.

A maneira como o casal lida com o fim da relação é determinante para todos, inclusive para os filhos. Nos momentos finais, quando tudo é doloroso e confuso, é que as atitudes se tornam mais marcantes e podem hipotecar o futuro relacionamento entre as pessoas.

MULHERES RESSENTIDAS E VINGATIVAS

Mulheres que se organizaram em torno do casamento, fazendo da relação o eixo central das suas vidas, têm mais dificuldade em lidar com o divórcio, principalmente se não têm independência financeira. Porém, isso não significa que se tornem pessoas desagradáveis ou amargas. Muitas lutam e conseguem superar as mágoas e traumas do divórcio e descobrem uma vida nova e muito gratificante: começam a trabalhar, fazem novos amigos, iniciam um relacionamento.

No entanto, há mulheres que resistem à separação porque desejam continuar casadas e se deixam aprisionar pela depressão e pelo ressentimento. Quando a relação acaba, é importante seguir adiante. Pessoas que ficam presas ao passado, à relação que terminou, são impedidas de viver e não se abrem à possibilidade de voltar a ser felizes – com ou sem outro relacionamento.

Alguém que colocou todas as suas esperanças no casamento e acredita que o fim da relação corresponde mais ou menos ao fim da sua vida está canalizando toda a sua energia para o objetivo errado. Se você acha que o fim é doloroso demais para ser enfrentado sozinha e estiver deprimida, talvez seja necessário buscar ajuda profissional a fim de superar a angústia, compreender erros e acertos e melhorar o autoconhecimento – algo que lhe permita seguir adiante.

Já vimos que o ressentimento é uma emoção que fica guardada no interior. É como um espinho que cresce para dentro e fere continuamente, transformando as pessoas em seres amargos e infelizes, seres com o coração ferido.

É gerado por alguma maldade ou algo ofensivo provocado por alguém. Também é provocado pelo desejo frustrado de ter algo que o outro possui – e, nesse sentido, é uma emoção que se aproxima da inveja. O certo é que sempre leva à infelicidade. Quando se torna excessivo, incapacita as pessoas de conviver com a felicidade dos outros, tornando-as maldosas e com a única intenção de prejudicar ou magoar.

Mulheres ressentidas com a separação tendem a ver o casamento apenas por um prisma ruim, e o ex-marido como alguém horrível. Se isso for mesmo verdade, então o divórcio é o melhor que poderia ter acontecido: terminou a agonia de um péssimo casamento e a vivência com um marido horroroso. Nesse caso a pessoa não deveria ficar infeliz e amargurada com o divórcio; muito pelo contrário, deveria ficar feliz.

Por outro lado, guardar do casamento e do marido apenas o lado ruim é uma defesa para que a pessoa consiga aceitar o fim da relação. Alguns profissionais até encorajam as pessoas a fazerem esse processo de "demonização" do relacionamento: tudo foi mau, ele é péssimo. No entanto, esse comportamento ressalta a amargura e o ressentimento, a pessoa se pergunta como passou tantos anos vivendo uma coisa ruim e tem dificuldade de se libertar da raiva.

Cada um tem seu processo de enfrentar o doloroso final da relação, mas o pior dos caminhos é valorizar somente o lado ruim e guardar ressentimentos. Isso enche as pessoas de emoções negativas que se projetam no futuro.

Qualquer casamento que termina teve, certamente, seu lado bom: os filhos, a paixão dos primeiros tempos, os momentos de alegria, a cumplicidade. É isso que é preciso preservar, para seguir em frente com o coração cheio de afeto. O fim de um casamento é o momento para repensar a sua vida e começar a planejar ou a fazer coisas que sempre quis: aquela viagem dos sonhos, ginástica, novas amizades, fazer um curso, aprender línguas, começar a trabalhar ou mudar de emprego.

Mulheres ressentidas que não perdoam o marido pela separação fecham-se às emoções, ao afeto dos filhos, à possibilidade de um novo amor, e acabam ficando sozinhas porque se tornam incapazes de atrair pessoas positivas.

Ninguém quer ficar ouvindo uma pessoa se lamentar da vida e falar mal do ex-marido o tempo todo. O pior é que, quando alguém começa falando mal do outro, isso se transforma em um hábito e, no final, a pessoa acaba falando mal de todo mundo, porque desenvolve uma espécie de "olhar negativo", que só vê o lado ruim das coisas, como aconteceu com Júlia.

Lena e Júlia: rancor e ressentimento

Lena e Alexandre eram engenheiros e se conheceram no trabalho. Eram ambos casados, mas, ao contrário de Lena, que não tinha filhos, ele tinha três: um com dezesseis anos, um de quinze e um menor, com oito anos.

Após várias voltas do destino, ambos se separaram e começaram a namorar.

Júlia, a ex-mulher de Alexandre, estava inconformada com a separação. Anos antes, Alexandre já tinha tentado se separar, mas Júlia ficou grávida do filho mais novo e então ele não saiu de casa. Desta vez, no entanto, Alexandre estava inflexível e foi adiante com a separação.

Júlia dedicara sua vida a cuidar dos filhos e do marido – foi uma opção feita pelo casal. Por isso, quando Alexandre saiu de casa, ele continuou pagando todas as despesas da família, que manteve o mesmo padrão.

Quando Lena e Alexandre decidiram morar juntos, Júlia começou a infernizar a vida dela, indiretamente. Primeiro, usou os filhos, mas eles gostavam de Lena e, por mais que a mãe falasse mal dela, isso não surtia efeito, porque Lena era amorosa e generosa com os filhos do companheiro.

Como os artifícios contra Lena não funcionaram, Júlia passou a usar o sentimento de culpa de Alexandre em relação aos filhos, por ele passar pouco tempo com eles. Começou a pressioná-lo e manipulá-lo cada vez mais, e, próximo do Natal, Alexandre conversou com Lena e decidiu que ia voltar para casa – por causa dos filhos.

E assim fez. No entanto, por mais que se esforçasse, era visível que Alexandre estava destroçado. Não tinham se passado dois dias, quando o filho mais velho lhe perguntou:

– Pai, o que você está fazendo aqui?

– Vocês são meus filhos e eu quero ficar com vocês – respondeu Alexandre.

– Você não ama a Lena? Vá ser feliz, pai! Nós estamos bem.

Alexandre levou alguns meses até conseguir que Lena o aceitasse de volta, e, por fim, ficaram juntos. Mas Júlia continuava ressentida, empenhada em destruir a felicidade do ex-marido: começou por falar mal de Lena e de Alexandre à família inteira. Negou-se a assinar o divórcio. Fez de tudo para complicar a vida dele: impedia-o de ver os filhos ou trocava os dias – especialmente do mais novo. Todos os meses arranjava uma despesa extra. A vingança dela se estendeu ao cartão de crédito: as contas eram muito altas. Alexandre decidiu aceitar um emprego em outra cidade, onde o salário era maior, para conseguir pagar as contas da ex-mulher e da família. Lena arrumou outro emprego e foi com ele.

Finalmente, a muito custo, Júlia assinou o divórcio. Lena e Alexandre casaram e dois anos depois tiveram gêmeos.

Júlia nunca falou com Lena e rechaçou todas as tentativas de aproximação. Na formatura do filho mais velho, levou o seu ressentimento um passo adiante e se negou a cumprimentar Alexandre.

Júlia continua sem trabalhar, mergulhada no rancor, e, sempre que possível, tenta atrapalhar a vida de Alexandre e Lena. Nos últimos anos engordou muito e começou a ter vários problemas de saúde.

Quando a pessoa, além de ressentida, também é vingativa, ela não tem a menor possibilidade de uma convivência saudável com alguém. O mais certo é que ela acabe seus dias sozinha. É a própria pessoa que vai afastando os outros com suas atitudes, embora na maioria dos casos seja incapaz de perceber isso e se coloque na posição de vítima.

Gente que não consegue perdoar e seguir adiante sofre demais e não evolui espiritualmente. Na vida é preciso aprender e treinar o desprendimento. Quando uma relação termina, isso significa que pelo menos uma das pessoas envolvidas já não era feliz. O relacionamento estava esgotado, acabado, porque uma relação é sempre um caminho de duas mãos para a felicidade. E, se terminou, o ressentimento é inútil, e é mais inútil ainda dedicar a vida planejando vinganças contra o ex e sua nova parceira.

A vingança é uma triste escolha que pode atrapalhar a vida dos outros, mas atrapalha principalmente a vida de quem está focado em se vingar.

É impossível socializar-se com gente ressentida e vingativa, dedicada a infernizar os outros e que não aceita a ideia de seu ex-companheiro estar feliz ao lado de outra pessoa.

A melhor forma de ser feliz é seguir em frente, em vez de definhar com o azedume e o desejo de fazer mal aos outros. Pessoas ressentidas e vingativas se tornam insuportáveis.

MULHERES FELIZES E RESOLVIDAS

Vale lembrar que qualquer experiência é um aprendizado, e tudo o que tem um início também tem um fim. Trata-se do círculo normal da natureza. Embora as pessoas casem esperando que seja para sempre, porque o amor é um sentimento otimista, a verdade é que alguns casamentos não resistem aos embates do dia a dia. Mas o fim de um relacionamento não pode ser encarado como um fracasso, e sim como uma oportunidade de mudança, como aconteceu com Liliane.

Liliane: recomeço na Europa

Liliane veio do Sul para morar com Jerônimo, em São Paulo. Estavam juntos havia dois anos quando decidiram ter um filho.

Falaram sobre o assunto e tudo estava se encaminhando para Liliane realizar o sonho de ser mãe.
Um belo dia, Jerônimo apareceu cheio de dúvidas: não sabia se queria continuar o relacionamento. Levou dois meses para decidir e, por fim, terminou tudo.
Liliane não soube o que aconteceu com ele, mas acreditava que tinha se envolvido com outra pessoa e não teve coragem para contar a verdade a ela.
Liliane saiu de casa – porque o apartamento era dele – e foi morar com uma amiga por alguns meses, enquanto decidia o que fazer da vida. Sofreu muito nos primeiros tempos, porque gostava de Jerônimo, mas aos poucos foi melhorando. Fez terapia e leu muito, ocupando seu tempo de maneira saudável.
Ela era jornalista e estava indo bem em sua profissão, quando decidiu ir para a Irlanda aperfeiçoar seu inglês em um curso de seis meses, em uma universidade de Dublin. Pouco tempo depois, conseguiu emprego, e os seis meses se transformaram em dois anos. Visitou vários países, aprimorou o inglês, arrumou um namorado, mas terminou tudo quando ele disse que queria casar e ela percebeu que ainda não estava pronta.
Durante esse período, Jerônimo começou a se irritar com a felicidade de Liliane – sempre que via as fotos dela no Facebook, tinha um ataque de raiva. Não suportava ver Liliane passeando em Londres, Malta ou Madri. Por alguma razão, não queria que ela tivesse se dado tão bem e superado o fim da relação dos dois, então a excluiu do seu Facebook.
Enquanto Liliane estava infeliz, Jerônimo quis ser amigo dela, mas ao perceber que ela havia superado o fim da relação, ele não conseguiu conviver com esse fato.

Seguir adiante é fundamental para o enriquecimento pessoal e para uma vida feliz. As mulheres que superam a separação e continuam com sua vida não sofrem menos do que aquelas que ficam amarguradas e deprimidas. O que acontece é que, após viver um período de luto, elas entendem que o casamento e o ex-marido contribuíram de maneira positiva para as suas vidas, e que não foram totalmente ruins.

Ex-mulheres que superam o divórcio e vivem livres de ressentimento estão mais disponíveis para uma aproximação com a atual parceira do ex-marido.

1. Mulheres que se separam e guardam ressentimento do ex-marido dificilmente conseguem reencontrar a felicidade. Tornam-se amargas e, muitas vezes, um pouco invejosas da felicidade dos outros.

2. O desejo de se vingar do parceiro que terminou uma relação torna a pessoa prisioneira daquilo que lhe fez mal: ela é incapaz de seguir adiante, por estar focada na vingança.

3. A melhor maneira de superar uma relação sem ressentimento é sendo feliz. Mas lembre-se de que a verdadeira felicidade é, antes de mais nada, um processo interior. Tranquilidade e alegria têm que estar dentro de você.

4. Perdoar é a chave da felicidade. Enquanto não perdoar quem lhe fez mal, você não conseguirá seguir em frente. O perdão não é pelo outro, é por você, para que se liberte e possa viver em paz.

5. É difícil a atual parceira criar uma relação com a ex-mulher se ela for do tipo ressentido, amargo e vingativo. Pessoas assim têm dificuldade em ser amigas de alguém. Talvez precisem de algum tipo de ajuda terapêutica para entender e superar suas frustrações.

6. Ex-mulheres resolvidas e que tocam suas vidas adiante sempre geram admiração e são excelentes candidatas a amigas da atual parceira – desde que ela não seja ciumenta ou controladora.

14. ESPIRITUALIDADE: A VIA DA LUZ
A maioria das pessoas é tão feliz quanto resolve ser.
Abraham Lincoln

APRENDIZADO

Na marcha por sua evolução, a sociedade avançou em muitos setores, mas os homens continuam vivendo com uma espécie de barbárie dentro de si.

São muitos os que reclamam da sociedade atual. Falam da agressividade, da falta de respeito pelos outros, da ausência de delicadeza ou do domínio do egoísmo, entre tantas outras críticas. Esquecem, com frequência, que somos todos parte dessa sociedade, e costumamos fazer exatamente aquilo que criticamos nos outros. É sempre mais fácil apontar o dedo acusador para o outro do que olhar para dentro de si mesmo. Por isso, cabe a cada um de nós mudar, vencer o preconceito, crescer, respeitar, agir de modo diferente.

Por mais objetivos que cada pessoa tenha, o fio condutor de nossas vidas é o aprendizado: estamos aqui para nos tornar melhores e mais evoluídos.

Mas o aprendizado é complexo. Muitas vezes não entendemos por que razão passamos por certas situações repetidamente. Por exemplo, algumas mulheres não compreendem o motivo pelo qual se envolvem sempre com homens que as magoam, ou por que se cruzam com gente sem caráter. Pois isso tem uma explicação.

Todos nós repetimos comportamentos, recriamos as mesmas

situações – ou situações muito parecidas –, até aprender o que necessitamos. Alguns aprendem, outros não, como foi o caso de Sérgio.

Sérgio: repetindo padrões

Sérgio teve três filhos de mulheres diferentes.

O primeiro foi fruto de um casamento de curta duração, com uma médica muito ciumenta que, após a separação, mudou de país, levando a criança.

O segundo nasceu do casamento com uma mulher tão possessiva que não permitia que ele visitasse a própria mãe. Quando se separaram, ela o impediu de ver a criança durante anos.

A mãe do terceiro, Joana, foi a única com quem Sérgio teve um casamento feliz. Ela era diferente de suas ex-mulheres: compreendia-o, era generosa, respeitava-o e confiava nele.

Pela primeira vez, Sérgio tinha uma vida estável – tanto pessoal quanto profissional. Era feliz, e o seu casamento não era mais uma relação tempestuosa, de altos e baixos, com cobranças, brigas e tensões constantes. Agora ele tinha um relacionamento sereno, com uma mulher inteligente, que evitava conflitos desnecessários. Foi isso que lhe permitiu crescer profissionalmente e se tornar respeitado no mercado em que atuava.

Mas tudo mudou quando Joana decidiu ajudar Flávia, uma amiga que queria se separar do marido – que supostamente a maltratava – e não tinha para onde ir. Joana convidou Flávia para ficar em sua casa até que ela conseguisse se organizar.

Flávia pagou a generosidade de Joana com traição, envolvendo-se com Sérgio, o marido da amiga.

Sérgio e Joana se separaram e ele foi viver com Flávia.

O interessante nesse caso é que Flávia era muito parecida com as ex-mulheres dos dois primeiros casamentos de Sérgio: agressiva, controladora e ciumenta.

A grande questão é: por que Sérgio continua repetindo os padrões e buscando mulheres controladoras, com quem estabelece relações problemáticas?

Só ele poderá descobrir que lições tirar de todas as suas vivências. O aprendizado é um processo individual, único, como a marca de uma digital. Cada um de nós precisa aprender algo diferente, percorrer um caminho original, distinto dos outros.

Ao se questionar por que determinada circunstância se repete em sua vida, você precisa aceitar que ainda não aprendeu tudo o que deveria. E deve, antes de qualquer coisa, avaliar se continua agindo da mesma forma perante a mesma situação. Se quiser mudar alguma coisa na sua vida, tem de aprender com os erros e mudar o seu modo de agir. Albert Einstein, um dos maiores físicos que já houve, dizia que "insanidade é continuar fazendo sempre a mesma coisa e esperar resultados diferentes".

Enquanto você não compreender o que precisa aprender com determinado acontecimento, ele vai se repetir em outros momentos da sua vida, embora as variáveis se tornem cada vez mais complexas. Isto é, o que você não consegue resolver ou aprender hoje, vai surgir de novo no seu futuro, mas de forma mais complicada.

Todas as situações representam a oportunidade de um aprendizado: para evitar passar pela mesma situação, você deve entender e analisar os eventos e investir no autoconhecimento.

O relacionamento com os outros consome grande parte da nossa energia e representa uma imensa fração do nosso aprendizado. Se estabelecermos relacionamentos difíceis, só estaremos contribuindo para complicar a nossa vida e atrasar o nosso desenvolvimento.

Ao estabelecer o seu círculo de relações, você nunca deve ter como objetivo mostrar ou provar alguma coisa para alguém. Uma relação com a ex do seu companheiro deve ser algo que você cultiva, de modo a contribuir para o seu bem-estar ou para o bem-estar da sua nova família. Você deve estar disposta a se aproximar da ex, sem falsidade.

No entanto, se você não deseja proximidade, mantenha uma relação amistosa e cordial, sem escândalos nem brigas.

E, se por alguma razão não der certo, seja superior – evite conflitos, ignore provocações e aja com gentileza.

Ninguém pode controlar o que acontece em sua vida, mas pode controlar a maneira como lida com os acontecimentos. E isso faz toda a diferença.

O MUNDO INTERIOR

Muita gente se queixa de que seus relacionamentos são sofridos, de que não tem amigos e suas relações com os outros são tensas ou superficiais. Mas a nossa vida e a forma como nos relacionamos com os outros é um reflexo do mundo interior de cada um: pessoas educadas, otimistas e espiritualmente evoluídas (leia-se boas e generosas) têm relações harmoniosas e alegres; pessoas grosseiras, rudes, pessimistas e rancorosas têm relações conflituosas.

Nós temos uma sintonia interior, que funciona como uma espécie de ímã que vibra dentro de nós e que nos permite atrair os outros. Aquilo que somos por dentro projeta-se no exterior. De um modo simplista, isso significa que, se você for agressiva, certamente vai atrair pessoas agressivas. Se falar mal dos outros, irá atrair gente fofoqueira. E, se for generosa e gentil, irá se rodear de gente que também é assim.

É inútil responsabilizar as circunstâncias ou os outros por sua má fortuna ou infelicidade, por suas relações pouco felizes ou doentias. Responsabilizar o universo pelo seu destino equivale a dizer que você não é dono da sua vida e das suas escolhas. Guardadas as devidas proporções, é o mesmo que ir para a escola, não estudar, e culpar os professores pelo seu fracasso.

Você precisa entender que o que está acontecendo à sua volta, na sua vida, depende muito de sua atitude e essência interior. Você é que atraiu aquelas pessoas para junto de si, e isso aconteceu por alguma razão: ou porque elas estão vibrando na sua sintonia, ou porque você precisa aprender com alguém ou com a situação que está vivendo.

Por isso, em vez de se lamentar pelos momentos infelizes ou ficar se martirizando porque certos eventos aconteceram com você, assuma a responsabilidade pelo seu destino e molde-o aos seus desejos. Nos problemas e obstáculos, veja uma oportunidade de crescimento e aprendizado, um teste para a sua força. Lembre-se de que foram as dificuldades que forjaram os grandes momentos e personalidades da história humana.

A FELICIDADE

A felicidade às vezes parece um mito: todo mundo já ouviu falar, todo mundo quer ser feliz, mas ninguém acha que é feliz. Todos acreditam que a felicidade vai chegar, em algum momento do futuro, por meio de algum acontecimento grandioso – um evento de proporções magníficas, que marque a diferença entre o tempo da infelicidade e a era da felicidade.

A felicidade realmente é magnífica, mas não vai chegar no futuro. Ela se constrói todos os dias. E também não vai chegar por meio de um acontecimento estrondoso, porque são as pequenas coisas do cotidiano que nos tornam felizes. Do mesmo jeito que a saúde é um reflexo do que se come, a felicidade é um reflexo do que se pensa e do que se faz, da maneira como se encara a vida.

A felicidade é uma decisão interior. Uma opção diária.

Aqueles que escolhem a infelicidade e decidem alimentar tristezas e ressentimentos, e se apegam à mágoa e à raiva, estão fechando o coração para o mundo. A infelicidade é uma doença que incapacita o indivíduo, tornando-o egoísta, inapto a conviver com os outros e a lidar com a alegria e o afeto. Ela desperta a maldade e a inveja. E leva à solidão: ninguém quer se aproximar de alguém que passa o tempo se lamentando e destilando veneno contra o mundo.

Para ser feliz é preciso agir, vencer a inércia, superar aquela força que nos prende ao mesmo lugar, fazendo a mesma coisa, do mesmo jeito. É preciso coragem para arriscar, ir ao encontro do desconhecido, correr atrás dos sonhos. Para ser feliz é preciso assumir a responsabilidade pelo seu destino. Amadurecer. Crescer. Transformar percalços em aprendizado e momentos ruins em positivos.

Eu acredito que um relacionamento deve ser um "lugar" de felicidade – estar com a pessoa que se ama deve representar um momento de alegria, de entrega, de equilíbrio.

Hoje, quando olho para trás e avalio as minhas conquistas, compreendo que as escolhas em relação à Delta foram as melhores. Superei os meus receios e preconceitos. Desafiei as convenções e ignorei aqueles que me criticaram por ser amiga da ex do meu marido. Mas confesso que o verdadeiro mérito por hoje sermos tão amigos – eu, meu marido e sua ex – se deve à nossa maturidade e espiritualidade. E essa relação se estende a toda a família.

Harmonia: reunião de pais

Recentemente os meus pais vieram de Portugal passar férias no Brasil. Eles já conheciam a Delta, mas não conheciam seus pais, embora a mãe da Delta e a minha mãe tenham trocado presentes em várias ocasiões.

Em um final de semana, fizemos um jantar com todo mundo – alguns amigos, meus pais e os pais da Delta.

Chegou um momento em que o Paulo começou a rir ao observar a movimentação das pessoas pela sala.

– O que foi? – perguntei, curiosa.

Ele foi apontando com o indicador enquanto falava:

– Mulher, ex-mulher e os quatro sogros. Na mesma sala.

Rimos do comentário, mas ele tinha razão: juntar a ex-mulher e os pais dela com a mulher e seus pais, num ambiente harmonioso, é uma situação inusitada.

Quando as férias terminaram, meu pai me falou:

– Tens aqui outra bela família!

A vida reserva passagens boas e ruins, mas o que determina a identidade de alguém é a sua reação aos acontecimentos. Pessoas infelizes responsabilizam os outros, se vergam ao destino e não reivindicam a força necessária para mudá-lo. Pessoas felizes transformam obstáculos em aprendizado e oportunidades.

É certo que pessoas felizes são pessoas melhores: há nelas uma predisposição para ver o lado positivo da vida e uma tendência a serem generosas. Pessoas felizes possuem uma bondade tocante, um coração mais brando.

Ser feliz começa, antes de qualquer coisa, dentro de cada um: é a capacidade de se encantar, de rir, de amar, de ser generoso, de perdoar. É a capacidade de ser iluminado.

AGRADECIMENTOS

A falta de amor é a maior das pobrezas.
Madre Teresa de Calcutá

Este livro só foi possível graças ao Paulo, ao Lourenço e à Delta. Minha gratidão a eles vai além do apoio e incentivo durante o processo de escrita: eles são uma bênção na minha vida.

Paulo, que foi quem sugeriu que eu escrevesse este livro, agradeço por ter me escolhido para acompanhá-lo em parte da sua jornada. Por ter me dado o maior presente das nossas vidas – o nosso filho. Por ter confiado em mim, mesmo quando eu duvidava – foi a sua fé que me permitiu ser quem sou hoje. Por saber, sempre – muito antes de mim –, os caminhos que me farão mais feliz. Por ser quem é – tão generoso e ético.

Lourenço – a minha luz –, você me tornou uma pessoa melhor, mais sábia e muito mais feliz. O meu amor por você me resgata diariamente. As palavras são sempre insuficientes para dizer quanto eu te amo. Todos os dias aprendo com você. Obrigada, meu filho!

Delta, eu te agradeço por tantas vezes proteger a minha família. Você foi a mais inesperada das pessoas que entraram em minha vida. Hoje não concebo o meu mundo sem você. É a amiga que me orienta, que se alegra com a minha felicidade e se entristece com a minha tristeza. Este livro é tão meu quanto seu – sem você, ele não seria possível.

Agradeço aos meus pais, Mário e Noémia, o amor, a sabedoria e a fé incondicional. Foi por meio do exemplo da vida de vocês que aprendi a mais difícil das lições: perdoar.

Ana Astiz, obrigada pelas intervenções inteligentes, pelos conhecimentos que permitem transformar um rascunho em livro. Sem você, esta caminhada seria muito mais árdua.

Visite e conheça estes e outros lançamentos
www.matrixeditora.com.br

Fator Alfa
Todo mundo, quando se envolve com alguém, se expõe aos riscos que vêm no pacote da vida a dois. Mas dá pra viver um relacionamento sem meter os pés pelas mãos. A partir dos bate-bocas dos autores na TV, de discussões desconcertantes entre quatro paredes e conversas com especialistas de áreas variadas, foi possível juntar dicas testadas e aprovadas para traçar esse percurso com risadas e reflexão.

Coaching para pais e mães
Diferente de tudo que você já viu, coaching é a proposta da autora para que você, pai ou mãe, seja bem-sucedido na educação dos seus filhos. O que conta para eles são as suas atitudes; assim, é necessário que você defina os seus objetivos – quais os valores que deseja transmitir a seus filhos. A ideia é passar por um processo de autoconhecimento e fortalecer sua autoestima, de maneira a transmitir segurança ao seu filho.

A história da minha vida
Plantar uma árvore, ter um filho e escrever um livro. Dizem que essas são três coisas importantes para se fazer na vida. Se você ainda não escreveu um, que tal começar a fazer isso agora? E por que não a sua própria história? Através de pequenos exemplos você é convidado a parar, pensar e escrever. Um livro para guardar e/ou compartilhar. Mas, acima de tudo, para ser um marco nessa importante vida que é a sua.

Hoje é o dia mais feliz da sua vida
Diz o ditado que uma imagem vale por mil palavras. Mas não existe imagem que seja tão forte quanto as palavras precisas, as que encorajam, as que mostram caminhos, aquelas que fazem pensar e mudar. *Hoje é o dia mais feliz da sua vida* é um livro feito com palavras motivadoras e imagens de rara beleza, que também têm muito a dizer. Uma obra inspiradora, feita para quem quer um dia a dia de mais felicidade.

facebook.com/MatrixEditora